子どもの自己肯定感を育てる100のレッスン

臨床心理士
公認心理師
松丸未来 著

ナツメ社

はじめに

子育てというのは、「正解がないのが正解」とつくづく思うこのごろです。

スクールカウンセラーになりたてだった約20年前を思い出すと、どのような保護者にお会いしても、「親ってこんなに真剣に子どものことを考えるんだ。すごい！尊敬する！」という思いをもちました。そして、母親になった最初の壁が「いくら頑張っても成果が出ないものがあるんだ……」という気づきと徒労感でした。だから、「正解がないのが正解」をどれだけ受け止められるかが子育てなのだろうと思います。

現在は小4の長女、小2の長男の子育て中。当然悩みますし、試行錯誤の連続です。不安もいっぱいあります。自分を責めて落ち込むこともあります。怒ってばかりです。これがリアルな親の姿なのだと思います。まず、そんな親である自分を許してあげてください。これが親の自己肯定感ではないでしょうか。

一方で、職業柄、子どもの成長に関する知識や、お道具箱のようにあれやこれやのかかわりかたを知っているので、そのコツを皆様におすそわけしたいと思います。本書が唯一の答えではないので、使える部分だけつまみ食いしていただいても、わが子にあわせて自分流に味つけしてくださってもかまいません。

私が専門とする「ニンチコ」（認知行動療法という心理療法に子どもたちがつけてくれたニックネーム）の知見を中心に、いかに子どもを理解し、かかわるかを等身大の子育てに落とし込んでいます。ニンチコは、不安や落ち込みなど、さまざまな心のつらさの助けになる方法です。近年では、考えや行動を変えようとするより、ありのままの状態に気づき、受け止める方法も注目されています。子育てには、「変えようとする」と「ありのままを受け止める」の両方が求められますよね。このバランスやタイミングもお伝えできたらと思います。

この本を手にとってくださった皆様、誰も完璧な子育てなんてできていないことを、どうか忘れないでください。誰かと比べる必要はまったくありません。ご自分とお子様のオリジナルストーリーを育んでください。それが、自分も子どもも自己肯定感をもつ一助になるのではないかと思います。

臨床心理士、公認心理師　松丸未来

PROLOGUE

子どもの生きる力になる「本物の自信」を育てよう！

ありのままの自分を、好きでいてほしい！

子育てをしていると、日々、「これでいいのかな」と悩むことばかり。学校生活はうまくいっているか、友だち関係で傷ついていないか、受験勉強は順調か——不安材料はかぎりなくありますね。

でも、親がすべてのレールを敷いたり、つらいできごとから守ってあげることはできません。それに子どもには、自ら成長する力があります。その土台となるのが「自己肯定感」。自分のいいところも、弱い部分も含めて、ありのままの自分自身を好きでいられること。そのままの自分で価値があると信じられる感覚です。成果ベースの自信とは違い、望む成果が得られないときも、自分を信じて努力できます。反対に自己肯定感の低い子は、ほかの子と自分を比べて自信をなくしたり、「自分には無理」と感じやすく、新たなことに挑戦しにくくなってしまいます。

自己肯定感を育むかかわりは、子どもの可能性を広げ、生きる力を育むことにつながるのです。

「安心したい」「愛されたい」が、子どもの基本欲求

愛情と安心感は、「食べる」「寝る」の基本的欲求と同じくらい大切です。生まれてきた子どもにとって、親（養育者）は世界のすべて。その相手からどれほど愛され、安心感を与えられたかが、子どもの世界観の土台となります。

豊かな大地のイメージで、子どもをどっしりと見守り、心に栄養を与えましょう。外の世界で困難があっても、家では素の自分で、安心して過ごせるようになります。

豊かな大地のイメージで、子どもの心に栄養を。それだけで子どもは育つ!!

いつもの言動から、子どもの自己肯定感をチェック

- ☑ クラスメイトの言葉に、すごく傷ついてしまう
- ☑ 自分のことが好きじゃない
- ☑ 誰かと一緒じゃないと不安
- ☑ みんなに好かれたいと思う

まずは子どもの日ごろの言動から、自己肯定感を見てみましょう。ありのままの自分を好きかどうかは、様子を見ていればわかります。

たとえば「自分がどうしたいか」より、親や友だちの顔色ばかり気にするのは、人からの承認で自分の価値を決めている状態。自分で自分に「いいね」を押すことができていません。誰かのささいな言葉に気持ちが大きく揺れるのも同じです。

- ☑ テストの点数が悪い自分を許せない
- ☑ 失敗を怖がる
- ☑ 人間関係をすぐに切る
- ☑ 友だちが「○○できた」と言うと、「僕は△△できる」と張り合う
- ☑ 「ずるい！」「自分ばっかり損してる」とよく言う
- ☑ 「めんどくさい」「だるい」と言って、何もしようとしない
- ☑ みんなと違う意見を言えない

完璧じゃない自分を許せなかったり、失敗を恐れて何もできなかったりするのも、自己肯定感が足りない子の特徴です。「めんどくさい」「だるい」という発言も、新しいことを避け、失敗しないように自分を守るための手段かもしれません。「ずるい」「自分ばっかり損してる」とよく口にする子も、人との比較で、自分の価値を測っている可能性があります。

「わかってほしい」に応えて、自信の土台をつくる

point

子どもにしてほしいことは、肯定的に、具体的に伝える

自己肯定感を育むには、「認めてもらえた」「わかってもらえた」「受け止めてもらえた」の積み重ねが大事。それがあれば、子どもは自分の力でぐんぐん伸びていきます。

子どもの気持ちや考えも、否定せずにまず聞いてください。どんな気持ちも、成長の糧となるもの。「そう言われてくやしかったんだね」「気持ちわかるよ」と、いちばんの理解者として寄り添います。表情や声にも思いを乗せて、真摯に向き合うようにします。

必要なときは叱ってもOK。そのあとの行動の変化に注目して、たくさんほめてあげてください。

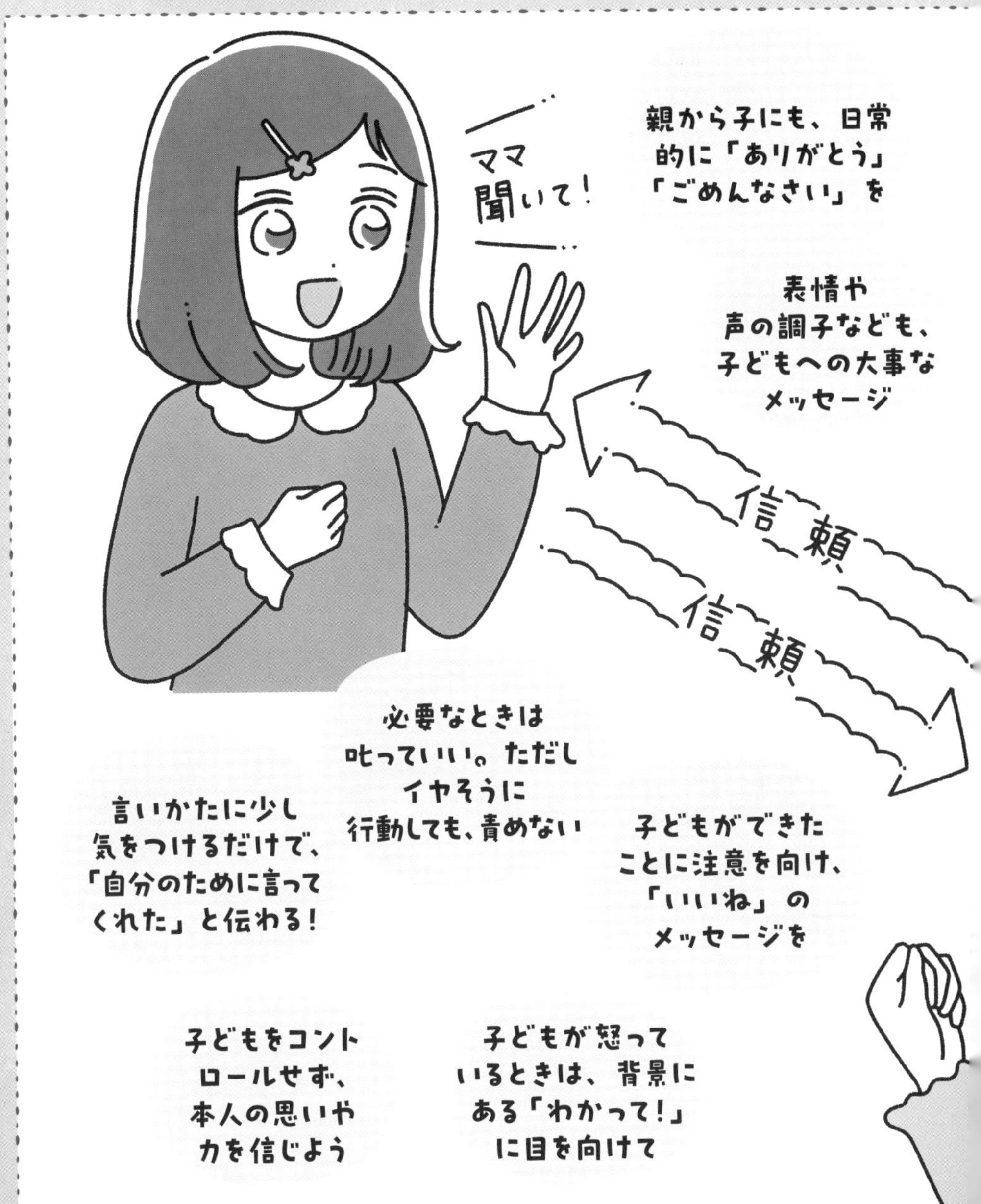
ママ
聞いて！
親から子にも、日常
的に「ありがとう」
「ごめんなさい」を
表情や
声の調子なども、
子どもへの大事な
メッセージ
信頼
信頼
必要なときは
叱っていい。ただし
イヤそうに
行動しても、責めない
言いかたに少し
気をつけるだけで、
「自分のために言って
くれた」と伝わる！
子どもができた
ことに注意を向け、
「いいね」の
メッセージを
子どもをコント
ロールせず、
本人の思いや
力を信じよう
子どもが怒って
いるときは、背景に
ある「わかって！」
に目を向けて

「私らしさって悪くない！」と思えたら、本物の自信

結果しだいで揺れ動く
にせものの自信
成績はいつも学年トップ
親もみんなもほめてくれる。だから自信がある
受験の失敗や進学校での成績不振で心が折れる
どんなときも相手にあわせる
誰ともぶつからず、いい子と評価される
ケンカしたりきらわれたりすると、もう耐えられない

内発的な勉強ではなく、親や学校、周囲の称賛を目的とした勉強も、どこかで心が折れるかも。

自分に価値があると思えないと、人からの承認を求め続け、落ち込みや不安とともに生きることに。

「私は私、これでいい！」と思える
本物の自信
勉強だけが僕の価値じゃない
みんなに好かれなくても、私を好きでいてくれる人はいる
新しいことにもいろいろ挑戦してみたい
人と違う意見もアリ。怖がらず言えるよ！

本物の自信がもてると、学ぶプロセス自体を楽しめたり、勉強以外の新たなことにも挑戦できる。

自分の価値を信じられる子は、「人は人。私は私」と考えて、自分の感情、考えを大切にできる。

子どもの思いを受け止めてあげることで、本物の自信が徐々についてきます。人の顔色ばかり気にしていた子も、やがては「私は私、これでいい」と思えるように。

成績など、成果や評価しだいで自信が揺れ動く子も、たまに悪い点をとった程度では動じなくなります。成績がよくない子もそう。ありのままの自分の価値が見えてくるでしょう。

不安が強い子や怒りっぽい子も同じです。気持ちを受け止めてもらううち、自分なりに気持ちと上手につきあえるようになります。

こうして身についた本物の自信は、一生モノの財産です。新しいことに挑戦したり、人と違う意見を言ったり。この先も、自分を信じて成長していけるでしょう。

失敗しても立ち上がる力「レジリエンス」を高めよう

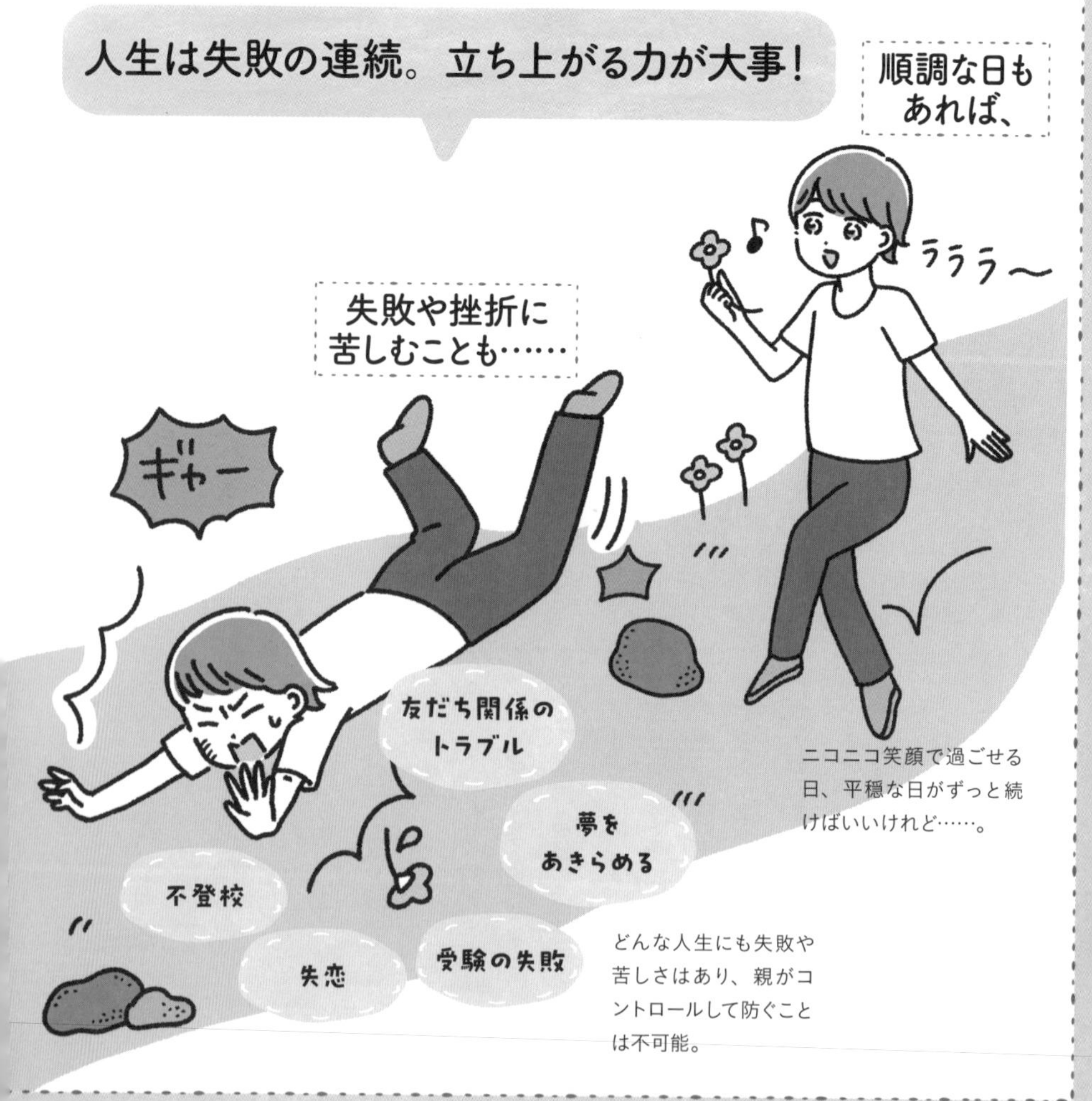
人生は失敗の連続。立ち上がる力が大事！
順調な日もあれば、
ラララ〜
失敗や挫折に苦しむことも……
ギャー
友だち関係のトラブル
夢をあきらめる
不登校
失恋
受験の失敗
ニコニコ笑顔で過ごせる日、平穏な日がずっと続けばいいけれど……。
どんな人生にも失敗や苦しさはあり、親がコントロールして防ぐことは不可能。

自己肯定感に関連して、子どもの成長、自立に欠かせないのが「レジリエンス」。失敗や逆境で心が折れても、自分の価値を信じて再び歩き出す、しなやかな強さのことです。

レジリエンスを高めるには、失敗の経験だって必要。子どもには、大人が想像もできないような未知なる力が備わっています。大人はすぐに手を出さず、自分自身の力で起き上がるのをサポートしましょう。「自分で乗り越えられた」という経験こそが、本物の自信や、生き抜く力を育てます。

子どもの失敗や逆境は、親にとっても貴重な学びの機会。「思いを受け止められたかな」「干渉しすぎたかも」などの振り返りから、親として一歩成長できます。

どん底と思うこと
もあるかも
もうムリ
うう…痛い
そこから学ぶのが
「生きる力」!
パワーアップしたぜ!

つらくて落ち込んだり、「自分はダメかも」「もう何にも挑戦したくない」と思うことだってある。

どん底まで落ち込んでも、自分の価値を信じて立ち上がれるようになれば、一生モノの力になる。

子どもの自己肯定感を育てる 100のレッスン

CONTENTS

アハハ

忘れものないよね…?

全体像を見てみよう

気持ちに注目

考えに注目

行動に注目

身体に注目

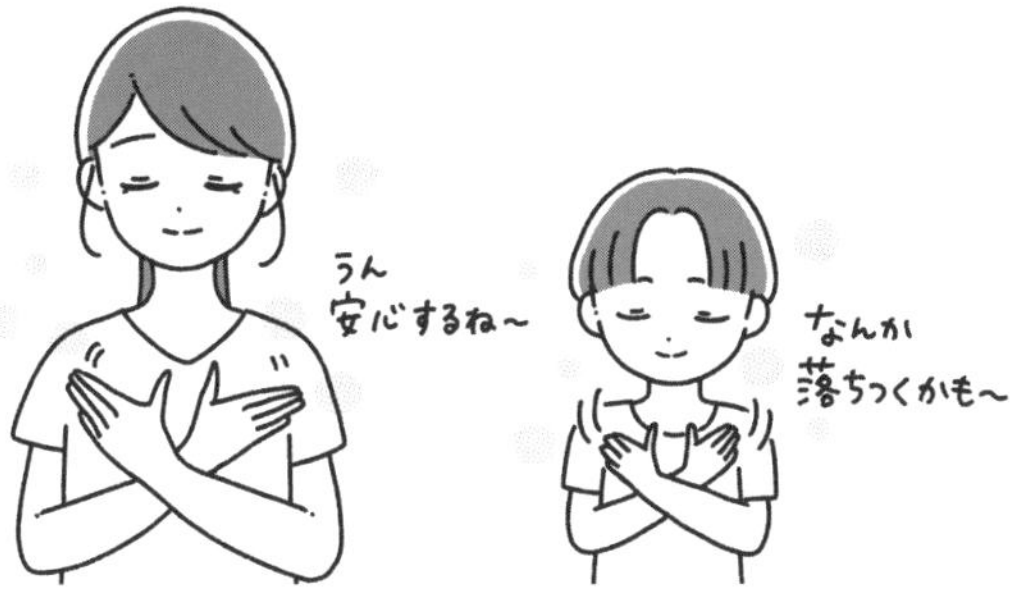

PART 3

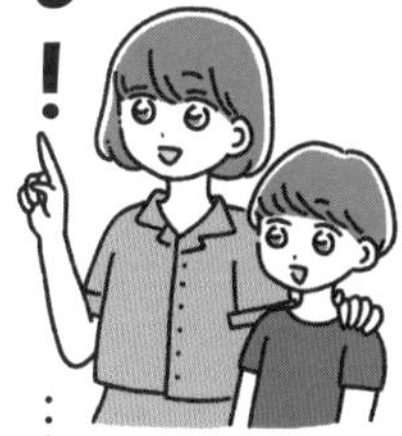

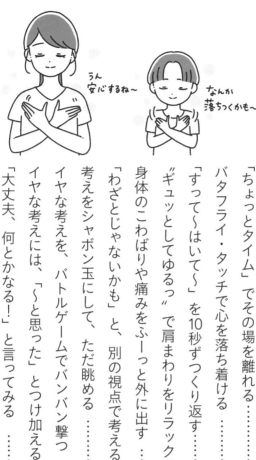

PART 4

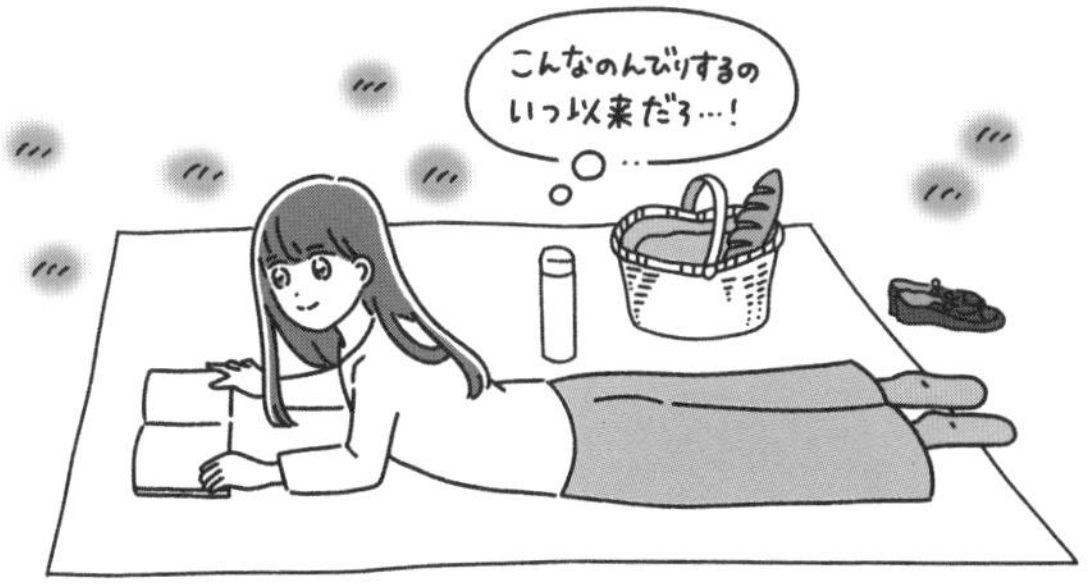
こんなのんびりするの
いつ以来だろ…！

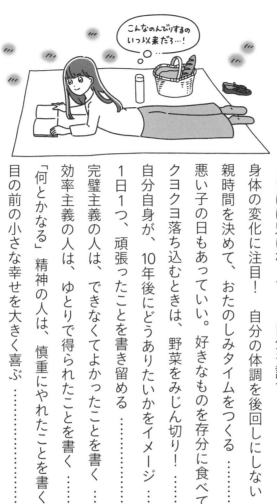

やることをひとつずつ書いて
目で見てわかる工夫を…

PART 5

子育ての“困った”に応える！ 未来先生のおなやみ相談室

PART 1

子どもを認める言葉で、自己肯定感を育てる!

いつもの声がけを言い換える

自己肯定感を高めるには、「叱る」「ほめる」でなく、
「認める」が大前提。
「子どもが不安で悩んでいる」「言うことをきかない」など
よくあるシチュエーションから、
どんな言葉をかければいいか見ていきましょう。

こんなときどうする!? 01

不安で行動できないとき

×

頑張りなよ！
あなたなら絶対に
できるって!!

○

大丈夫。
できそうなことを
まずやってみよう？

Lesson
001

〝失敗も学びになる〟という心のゆとりをもって接しよう

Message

根拠のない強い励ましが、プレッシャーになることも

あと一歩踏み出す勇気がいるときは、「頑張れ！」もOK。でも、「あなたなら絶対できる」とまで言われると、結果を出さなきゃと感じ、プレッシャーになります。日常的に連発していると、子どもは息苦しくなるかもしれません。

不安がる子どもを勇気づけたいときは、子どもの力を心から信じ、「大丈夫」と安心させましょう。大きな目標も、小さな行動に分割してあげると、最初の一歩を踏み出せます。そのうえで、「あなたの力を信じてるから、あなたのタイミングでやってみて」と伝えて。結果として安心感が得られれば、「やってみようかな」という自主的な意欲が生まれてきます。

やらない選択を受け入れることも大切です。できないことに向き合い、悩むプロセスも、子どもにとっては大きな学び。失敗したときも同じです。親自身も、「失敗から学べる」という心のゆとりをもって見守ってください。

なお、これ以降も出てくるNGワードは、「一度言ったらおしまい」という類のものではありません。誰もが一度や二度、いや100回は言ったことがあるような言葉ばかり（私はもっとあるかも！）。親だって、失敗しながら学ぶ道のりを一緒に歩んでいます。あまり神経質になりすぎないで。「また言っちゃった……」と思ったら、次の機会にはよりよい言葉をかけてあげてくださいね。

こんなときどうする!? 02

自分では何も決められないとき

× どうしたいの？　早く決めて！

○ この2つだったら、どっちがいいかな？

Lesson
002

急かしても混乱するだけ。決めやすい選択肢にしてあげて

Message

「慎重」「完璧主義」など、タイプにあわせてサポートを

「えっ、そこでそんなに悩む～？」って思うこと、ありますよね。

でも、決断が苦手な子は一定数います。決められない子の頭のなかでは、いろんな思いが錯綜《さくそう》しているもの。「どうしたいか考えてなかった」「急かされると、もっと訳わかんなくなる」と混乱しているかもしれません。そもそも子どもの脳のキャパは、大人よりずっと小さいんです。親の都合まで気にするのは無理。「早く決めて！」と急かしても、かえって決められなくなります。

こんなときは、子どもが決めやすいように選択肢を絞って、「どっちがいいかな？」と聞いてみてはどうでしょうか。「今日はこれにしよう」と決めてあげたほうが、子どもの負担が減ることもあります。子どもの性格にあわせて、さりげなくフォローしてあげましょう。

子どもによっては、「正解を選ばないといけない」「間違えたら後悔する」と心配する完璧主義の子もいます。こういう子は融通がきかず、日常生活で困ることも。「ベストじゃなく、ベターでいい」という感覚を少しずつ身につけさせましょう。「2人分の料理を3人分にとり分ける」などのお手伝いをさせるのも手です。「これで十分だよ。こういうのは完璧に分けられないから、だいたいで分けるのが大事なんだよ」などと上手にフォローしてあげてください。

こんなときどうする!? 03

つらい思いを聞いたとき

× そんなの気にすることないよ

○ 話してくれてありがとう。
そう言われて、悲しくなったんだね

僕も一緒に
サッカーしたかったけど…
ダメ!!って
言われたんだ…

Lesson 003

つらい気持ちを言葉で表現できるよう、サポートを

Message

自分の気持ちに向き合い、成長するチャンスと考えて

「そんなの気にすることないよ」は、ちょっとデリカシーのない言葉かも。子どもにとっては、つらい思いを抱えながらも、悩みにしっかり向き合うチャンスです。「話してくれてありがとう」の言葉とともに、思いを十分に受け止めてあげてください。つらい気持ちを親が受け止めてくれることで、子どもの心のなかで、悲しみがじわーっとしみわたっていきます。それをしっかり感じた後で、悲しみは自然と吸収され、小さくなっていくのです。

そこで気持ちを否定されると、「こんなふうに感じる自分がダメなんだ」「自分では何1つうまくできない」と、無力感を感じてしまうかもしれません。本当はつらいのに、人前では平気なふりをするなど、自分の気持ちを押し殺す習慣がつく子もいます。喜びなどのポジティブ感情だけでなく、悲しみも怒りもくやしさも、人が当たり前にもつ大切な感情。どんな感情も否定せずに、受け止めてあげるのが理想です。「そう言われて悲しくなったんだね」などの言葉で共感しつつ、気持ちを言葉にする手助けをしてあげましょう。

そのような経験を積むうちに、「前もイヤな気持ちになったけど、乗り越えられた」「誰かに聞いてもらえるだけでも、つらさが小さくなる」と実感でき、やわらかくしなやかな心が育っていきます。

こんなときどうする!? 04

言うことをきかないとき

× いいかげんにしないと、怒るよ!!

○ 食事せずゲームしてると、
お母さんが片づけられなくて困る〜

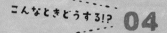

Lesson
004

自分の怒りをコントロールし、Iメッセージで伝える

Message

恐怖で言うことをきかせるのは、危険!!

「いいかげんにしないと、怒るよ！」は、脅しのメッセージです。この言葉を口にしている時点で、親の心のなかには、すでに怒りがわき上がっているはず。それを子どもにぶつけるのは得策ではありません。

怒りのメッセージには即効性があります。言われた子どもは恐怖を感じ、言われたとおりにするでしょう。でも、これは子どもの心の支配です。習慣化すれば、親の指示で何かをやらされるばかりの無気力な子どもに。主体性をもち、自身で考え、行動する機会を親が奪っているのです。

子どもに何かさせたいとき、行動を変えたいときは、具体的なメッセージにしてお願いするのが最善です。その理由も必ず伝えましょう。そうすれば、子どもなりに考えて、「だったらやらなきゃいけないかも」と理解できます。伝えかたは、相手でなく、自分を主語にするI《アイ》メッセージで。「食事しないでゲームしてると、ママが片づけられなくて困る〜」などと、ライトな感じで伝えます。

それでも遊び続けていたら、食事を片づけてもかまいません。言うべきことを言ったら、親の役割は終わり。あとは本人の自主性の問題と考え、行動をコントロールしすぎないようにしてください。家族は1つのチーム。協力してほしいことを互いに伝えながら、助け合える関係になれたらいいですね。

こんなときどうする!? 05

約束を破ったとき

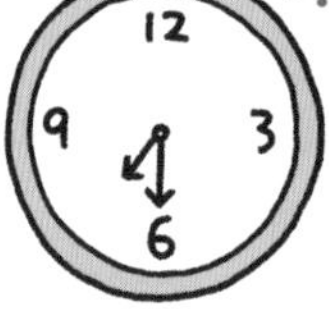

✕ ちゃんと約束したのに、なんで守らないの!?

▼

○ 何か予定外のことがあった?

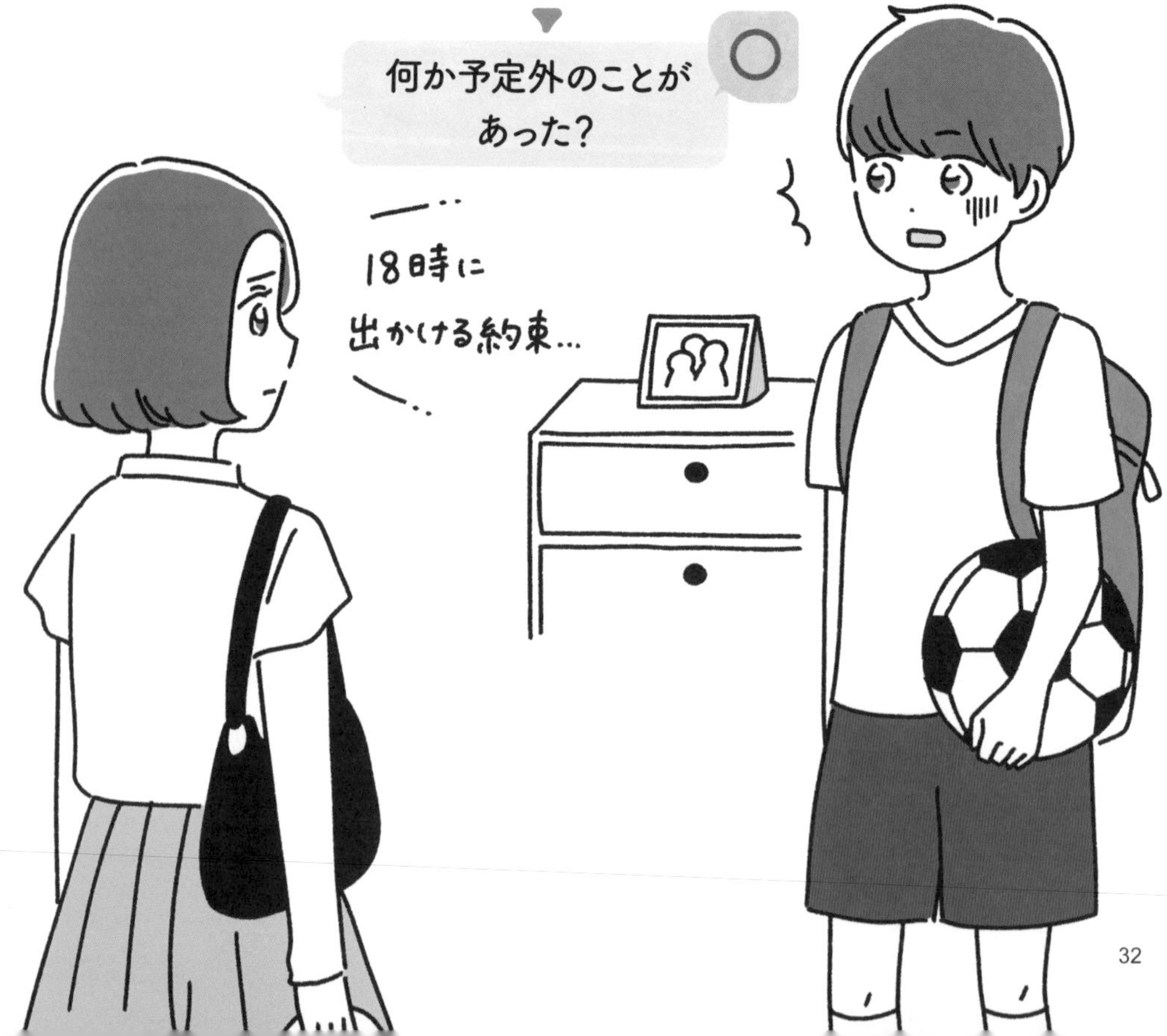

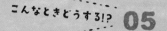

約束を軽視したと決めつけず、守れなかった理由をまず聞く

Message

約束破りは、子どもの世界では「アリ」のことも

大事なことだから約束したんだし、約束を守ってほしい親の気持ちはよくわかります。忘れないよう、事前に念押しもしたかもしれません。なのに約束を破って遅く帰ってくるとか、するはずのことをしていないなんて……親からすればありえないですよね。

でも一方で、「勝手に決めつけないでよ！」という、子どもの心の声も聞こえてきます。子どもには、子どもの世界の事情があるんです。結果として、親との約束を破ることが「アリ」になる場合もあります。

まずはちょっと鎌をかけて、「何か予定外のことがあった？」と聞いてみましょう。「約束を破るなんて、きっととんでもないことがあったんじゃないの⁉ ママすごく心配」くらいに、驚いた様子で尋ねるのがコツ。約束の重大性を伝える意味でも効果があります。

「友だちの誘いをどうしても断れなかった」などの事情があれば、そんなときどうしたらいいかを、一緒に考えてみてください。ただの気まぐれだったり、約束を軽く考えていた場合も、叱らずに落ち着いて対処を。「約束を守るって、大人にとっては本当に大事なことだから、何かあったのかと思っちゃった」と、さわやかに伝えましょう。

こんなときどうする!? 06

人を傷つけることを言ったとき

× 相手の気持ちも考えなさい!!

▼

○ もしかしてずるいと思ったのかな?
ヤキモチやいちゃったのかな

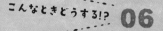

Lesson
006

Message

頭ごなしに否定しない。気持ちを推測し、言葉にしよう

すべての子どもが「わかってほしい」を抱えてる

「相手の気持ちも考えなさい‼」。これはどの親も一度は言ったことのある言葉ではないでしょうか。「相手の気持ちも考えられない、無神経な子になったらどうしよう」という不安を、親は抱えています。

どの親も言ったことがあるということは、どの子も一度は通る道。子どもの脳はキャパが小さく、相手のことまで考える余裕がありません。しかも人への配慮には、個人差もあります。きょうだい間で比べてみるとよくわかるはず。どちらかは自分のことばかり主張したがるのに、もう1人は、人の気持ちを察するタイプだったりするものです。友だちとの比較でも、「あの子は思いやりがあるのに、うちの子は……」といった違いがはっきり認められます。

でも、いまは自己中心的な子も、やがては思いやりのある子になります。そのために必要なのは、安心感や満足感。「気持ちをわかってもらえてる」と感じて満たされると、トゲトゲしていた心がまる〜くなっていくんです。そこではじめて、人が傷つくこと、喜ぶことを想像し、言葉を選ぶ余裕が出てきます。

人を傷つける発言をしたときも、どうしてそんな気持ちになったか察して、言葉でフィードバックしてあげましょう。かんしゃくを起こしてしまうこともあるでしょうが、あきらめず、地道にくり返してくださいね。

こんなときどうする!? 07

よくない言葉を使ったとき

× そんな言葉使っちゃダメ!!
無神経だよ

○ その言いかたは傷つくから、
別の言いかたにしようね

Lesson
007

ダメなことは注意していい。ただし過剰反応せず、冷静に

Message

伝えたいのは怒り？　それとも適切な言葉づかい？

自分の子どもが、「バカ」「死ね」「キモい」など、聞くだけで胸が痛む言葉を使ったら……、「無神経だよ」と叱りたくなるのも当然です。

子どもがこうした言葉を使う理由の1つは、脳のキャパが小さいから。自分のことで頭がいっぱいで、人の気持ちを考える余裕がないためです。

もう1つの大きな理由は、子どもたちのあいだで流行っているから。私の子ども時代を思い返しても、「やばい」などとくり返し言っては、親に叱られていました。とはいえ、「バカ」「死ね」「キモい」のような言葉は、やはり人に使うべきでない言葉。ここはちゃんと注意していいんです。ただ、大声で頭ごなしに叱ったり、ねちねちとお説教しても、何がいけないかは伝わりません。怒られたショックや驚きで、話の内容が頭に入らなくなります。冷静な態度で、「人を傷つける言葉なんだよ」というメッセージを伝えてください。

私も、学校で子どもたちがこうした言葉を使っていたら、「うわっ、その言葉傷つく〜」と注意します。人の心の状態などをさして、「メンヘラ」「頭おかしい」と言うのも、流行り言葉であっても看過できません。ただ、流行り言葉ばかり過剰に使う子は、自分の言葉で気持ちを伝える術をもたないということも。本当に伝えたかったことは何かを、子どもたちに聞くようにしています。

こんなときどうする!? 08

怒りを抑えられずにいるとき

✕ モノにあたっちゃダメじゃない!!

▼

〇 （軽い調子で）どうした!?

Lesson 008

Message

「どうした!?」への反応で、怒りの強さ、深刻さを見極める

話せそうもないなら、怒りのトーンダウンを待とう

怒りを抑えられず、モノにあたるわが子を見ると、親は動揺します。「すぐに止めなくちゃ」というスイッチが入る人もいるでしょう。でも、子どもの怒りの表現はさまざまです。いまはこの形でしか発散できないのかもしれません。

まずは周囲の危ないものを片づけ、そっと様子を見てみては。怒りの爆発は永遠には続きません。少しトーンダウンしたところで、「どうした!?」と、声をかけてみましょう。やわらかくおだやかな声で、心を開いて話しかけるのがコツ。子どももそれを感じとり、素直に理由を話してくれるかもしれません。

この声がけは、怒りの強さや深刻さを測るのにも役立ちます。まだ怒りに支配されているようなら、おそらく反応はないでしょう。時間をおいて、また声をかけて。子どもが親の心に飛び込んできてくれるのを待ちましょう。

わが家でも、小2の長男が怒って家を飛び出してしまうことがたまにあります。最初はびっくりしましたが、どうやら近くを散歩したり、公園で気持ちを落ち着けているみたい。信じて待っていたら、ちゃんと戻ってきてくれました。

怒りでモノにあたる子も、完全に冷静さを欠いているわけではなく、力加減をしたり、本当に危ないことはしない場合が多いんです。落ち着いて見守ること、そして子どもを信じてあげることが最善の策です。

こんなときどうする!? 09

いつまでも泣き止まないとき

× いつまでも泣いてちゃ、はずかしいよ!

○ それだけ悲しかったんだね

家でも外でも、社会規範を基準に感情を抑えつけない

Message

子どもの特権と思って、泣きたいだけ泣かせてあげて

私はこんなとき、「泣きたいだけ泣いて〜」と言ってあげたいです。ワンワン泣けるのは、子どもの特権。私たち大人は、つらくても平然とふるまう術を身につけていますが、本当は泣きたいときだってあるはず。せめて子どものうちは好きに泣かせて、感情を十分に体験させてあげてください。

泣くことは、とてもストレートな感情表現です。存分に泣くことで、いっぱいいっぱいだった心に、スペースが少しできてきます。そうしてスッキリすれば、自然と泣き止み、また前を向いて行動できるはずです。

スーパーや駅など、人の多い場所でも同じです。「まわりに迷惑」「みんなが見ていてはずかしい」と思うかもしれませんが、通りすがりの人にとってはささいなこと。1時間後にはきっと忘れています。そもそも、「いつまでも泣いてちゃはずかしいよ」という社会規範を持ち出されても、子どもにそこまで考える余裕はないでしょう。本当に迷惑になるような場所なら、場所を変えて好きに泣かせてもいいと思います。

親の命令で泣き止ませるより、自分で処理して泣き止むのがいちばん。年齢とともに、その力がついてきます。いつもより早く泣き止んだり、泣かずにぐっと我慢できたら、そのときはたくさんほめてあげてくださいね。

こんなときどうする!? 10

友だちの輪に入らず、1人で遊んでいるとき

× どうしてみんなと遊ばないの?

○ 楽しそうだね!

Lesson
010

Message

1人の世界をもつのも大事。友だちと遊ぶことを押しつけない

好きなだけ1人遊びしたほうが、心が元気に育つ

子どもは自由気ままでいいですよね。好きなときに、好きな行動ができるなんて本当にうらやましい！　私たち大人は、周囲に友だちや知り合いがいるときに、その存在を無視できません。「一緒に過ごさなくちゃ」「感じよく話をしないと」と、つい思ってしまいます。でもこれは、大人が考える「普通」。大人の物差しで、子どもを測る必要はないんです。「協調性が足りないのかも」「発達障害かもしれない」というように、一面だけを見て心配する親もいますが、あまり深刻に考えず、温かく見守ってあげましょう。

子どもにとっての遊びは、大人にとっての仕事と同じくらい大切なこと。1人の世界をとことん遊びつくすことも、底なし沼のような好奇心を満たす大切な経験です。それを楽しんでいる子を、あえて友だちの輪に入れて遊ばせるのは、苦行であって遊びではありません。

そもそも子どもの行動は、親の思い通りにならなくて当たり前。遊ぶ時間や場所、相手まで含め、子どもにもちゃんと意思があります。親の都合が許す範囲で尊重してあげましょう。時間に余裕がないときは、「ママは帰って夕飯の支度しなきゃいけないから、協力してくれる?」と伝えて。大きな声を出さずに説明し、協力しあう関係を築いていくのがベストです。

こんなときどうする!? 11

こだわりが強すぎるとき

× そんなにこだわらなくても
いいんじゃない!?

○ 好きなことがあるのは
いいよね〜

先は完ぺきに
細く!!
また色えんぴつ
削ってる…
そして長さ順に
並べるんだよね…

Lesson
011

好きな「モノ」「コト」を大切に！生活に支障がなければ見守って

Message

大人には理解できなくても、じゃませず見守ろう

ここは大人の許容量が試されるところ。大人から見ればガラクタ同然のものを拾ってきたり、ため込んだりするのが子どもです。シールや折り紙、ビーズ、アニメグッズのコレクションなら、まだいいほう。拾ってきた石やガラスをため込んだり、木の実をため込んで、あとで虫がわき出てくることも！

モノのコレクションではなく、行動にこだわりをもつ子もいます。「食事のときに何から食べるか」「鉛筆はどう削って並べるか」など、たくさんのマイルールがあります。それを破られると、怒ったり泣き出す子も。自閉スペクトラム症（↓P220）の子は、感覚が過敏で、服などの素材にこだわるのが特徴です。

大人にとっては、「なぜそれがそんなに好きなのか」「なぜその行動でなくてはダメなのか」が理解できません。でも、異なる人間どうしがともに生きていくって、そういうこと。自他の違いを認め、相手の興味・関心を尊重するのは、大人どうしの関係と同じです。「好きなものがあると毎日楽しいよね」「どのへんが気になるのかもっと教えて！」と温かく見守りましょう。

ただ、生活に支障をきたすようなら、無理にあわせなくて大丈夫です。「困ってるんだけど会議」で話し合いをしてみましょう。「大量のコレクションで部屋が片づかない」などの問題を明確にし、お互いの妥協点を見出します。

こんなときどうする!? 12

部屋を散らかし放題のとき

× ちゃんと片づけてって言ってるじゃない!!

○ とりあえず、脱いだ服を拾おうか

Lesson
012

1つずつの小さなタスクに分けて、できることから

Message

「ちゃんとやって！」ばかりでは、何も伝わらない

「ちゃんと○○やって！」は、大人の3大口癖の1つ。子どもたちはもう、耳タコ状態でしょう。つまりこの言いかたでは効果がなく、同じ注意のくり返しにしかなっていないということです。そもそも「ちゃんと」は、あまりに漠然とした表現。言っている側には最終的なゴールのイメージがあり、どのくらいが「ちゃんと」なのかの基準をもっています。でも言われた子どもは、何をどこまで、どうやればいいのかがよくわからないんです。

子どもの行動を変えたいなら、ゴールを明確にすること。そして、ゴールに向けてすべきことを、スモールステップ（↓P101）で示してあげることです。「脱いだ服を拾って洗濯機に入れてくれる？」なら、やるべきことは明確ですし、「それならできる」と感じられるでしょう。それができたら、「読み終えたマンガを本棚に戻す」というように、やるべきことを1つずつ教えていきます。

どんな簡単な行動でも、できたときのフィードバックを大切に。「おっ、できたね」のひと言とともに、喜びと軽い驚きを伝えると、子どものなかにポジティブな気持ちが生まれます。これが新たな行動を習慣化するときのコツです。

ちなみに、3大口癖の残り2つは、「早く」と「なんで？」。この問いかけも、もっと具体的なお願いに変えてみると、子どもの行動変容に役立ちます。

こんなときどうする!? 13

宿題をいつまでもしないとき

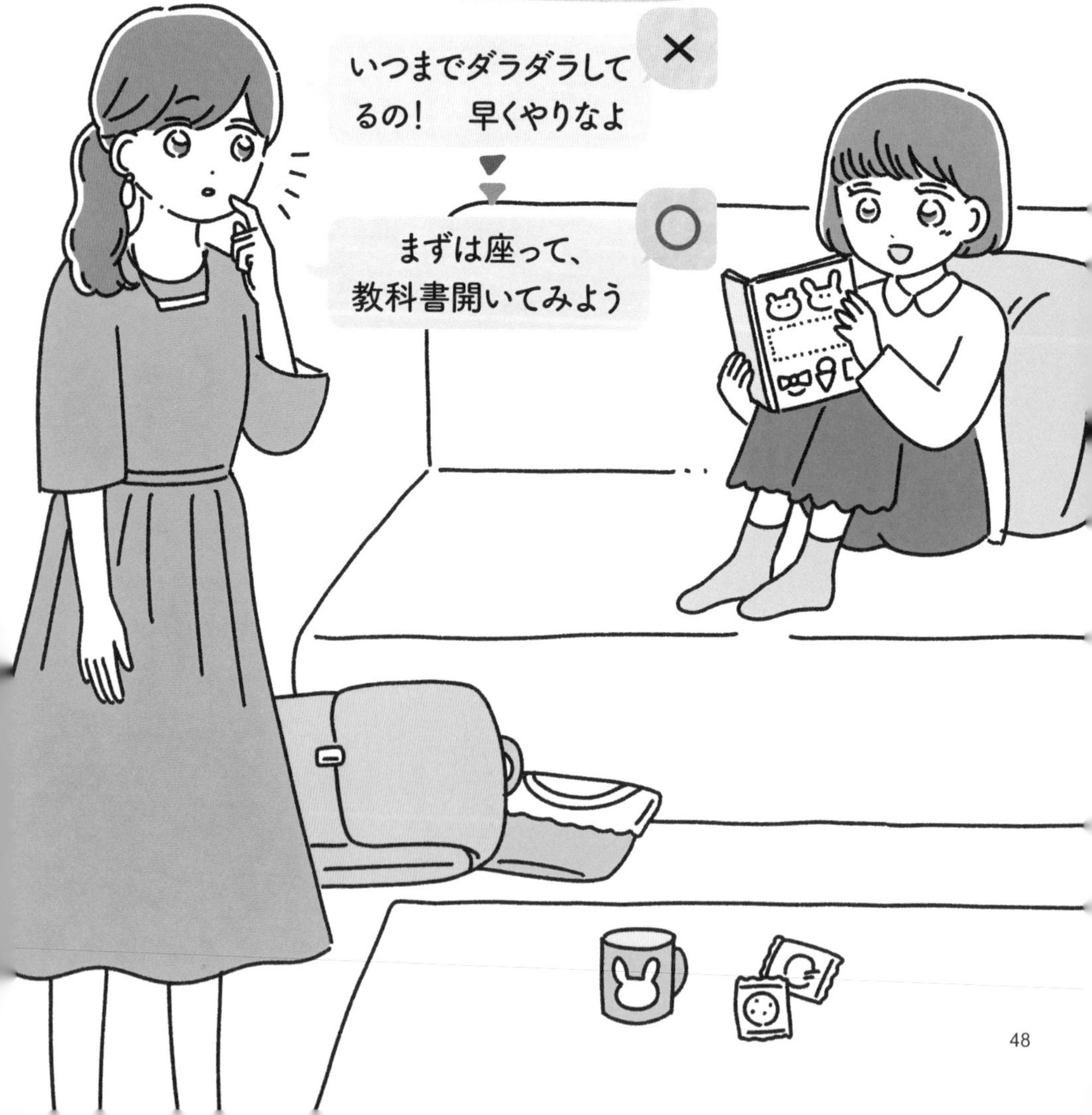

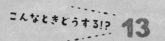

Lesson 013

宿題が習慣化していない子には、スモールステップでとり組みやすく

Message

やるかやらないか、子どもが決める余地を残しておこう

「いつまでダラダラしてるの」と言われても……、「いつまでもダラダラしていたいです〜」というのが本音では（笑）。とはいえ、それを真に受けて、ほうっておくわけにもいきませんね。宿題をさせるための第一歩は、スモールステップ（↓P101）で具体的に伝えること。ソファでマンガを読んでいる子には、「まずは座って教科書開いてみよう」が最初のステップです。無事にできたら、「今日は早くできたね。いいね！」と、嬉しい気持ちを伝えて。うまくいかなければ、別の声がけを試してみましょう。「鉛筆削っといたからやろう」「1問だけでいいからいまやろう」など、試行錯誤しながら働きかけます。

それでも行動が変化しないときは、「宿題は大事だと思うよ〜。いまやってることに区切りがついたらやろうね」と、親の希望として伝えましょう。宿題は大切ですが、子どもの自主性はそれ以上に大切です。マンガを無理矢理とり上げたり、親が宿題を開いて「はい、やって！」と言うのはやりすぎ。自主性がどんどん失われ、叱られないと何もしない子になってしまいます。

そもそも宿題は、子ども自身のためのもの。「やってもやらなくても、親は痛くもかゆくもない」と割り切る気持ちも大切です。「宿題1つちゃんとやらせられない」と、自分の問題として抱えすぎないようにしてください。

こんなときどうする!? 14

テスト前に自信がなさそうなとき

× 勉強したんだから、絶対いい点とれるって

▼

○ 頑張ったから、力を出せるといいね

Lesson
014

ハードルを上げすぎず、いまの実力を出せるよう、励まして

Message

「いい点ありき」が伝わると、子どももつらい

「絶対いい点とれるよ」と言われると、とれなかったときにどうしようと不安になります。「頑張ったからいい点とりたい」といちばん思っているのは、子ども自身。結果よりも、努力したプロセスと子どもの思いに焦点をあて、「力を出せるといいね」のエールを送りましょう。

成績のよしあしは、あくまで子どもの課題ということも忘れずに。親が自分ごととして熱くなると、ダメ出しばかりしてしまいます。結果として、自己肯定感を下げることになりかねません。

私がスクールカウンセラーとしてかかわる子どもたちにも、この問題はたびたび見られます。中学生のある女の子は、自己肯定感が極端に低く、「私うつだから」が口癖。勉強のことで親にダメ出しをされ続け、やる気がなくなり、成績がもっと下がる――背景には、そんな負のループがありました。ほかの学校では、「１００点とらなきゃバカ」「最低でも90点」と、親に言われたという子も。その子はテスト時間の最後に間違いに気づき、過呼吸のようになって泣き出してしまったのです。極端な例に見えるかもしれませんが、その子の思いや意欲、いまの実力を無視した期待は子どもを苦しめます。親の期待を託しすぎたり、高い基準でジャッジしないようにしたいものです。

こんなときどうする!? 15

テスト結果が悪かったとき

×
このあいだは80点だったのに、
どうしたの?

○
点数見て、
どんな感じだった

Lesson
015

子どもはすでにがっかりしている。質問の形で責めない

Message

子どもの勉強は、親の満足のためじゃない

「このあいだは80点だったのに、どうしたの？」は、子どものための質問ではありません。「いい点をとってほしかったのに、これでは満足できない」という、親の本心が丸見えです。子どもはすっかり自信を失うでしょう。

せっかく頑張ったのだから、いい点をとりたかったはず。それでも力が出せないことはあります。それなのに、「また悪い点とったらどうしよう」と不安が強まっては、本末転倒です。わからなかったことがわかる喜びや、問題が解ける楽しさをもち続けられるようにしてください。

より望ましいかかわりは、子どもの本心をさりげなく聞くこと。努力が結果につながらなくてくやしい気持ち、「もうちょっとやればよかった」と後悔する気持ちがあるなら、そこに共感します。「頑張ってたからくやしいよね。次は点数にもつながるといいね」の声がけなら、「次は頑張ろう」という意欲もわいてきます。

なかには、「別に」という投げやりな答えしかしない子もいます。その気持ちも否定しないで。「結構頑張ってたから、惜しいなって思ったよ」と、あくまでも親の気持ちとして伝えましょう。それをどう受け止めるかは子ども自身の課題と捉え、長い目で見守っていきます。

こんなときどうする!? 16

きらいな教科を勉強しないとき

×
算数ができないと、
将来困るんだよ
○
国語が好きなんだね。
できると楽しいよね〜

Lesson 016

脅したところでやる気は出ない。「できると楽しい！」に気づかせる

Message

「知るって楽しい」「頑張るとできる」を、まず大切に

ＡＩ全盛期のいま、数学や論理的思考を重視する向きは年々強まっているようです。これについては、「算数ができないと、将来そんなに絶望的？　それって本当？」というのが私の本音です。

親は何かにつけて子どもの将来を案じ、「いまからできることを」と考えがち。「時間を守れない」「提出物の期限を守れない」などの行動も、社会人になったら困るという発想で改めさせようとします。でも、子どもは子ども。まだ社会人じゃありません。そんなに急いで、いまから何もかも身につけさせなくて大丈夫！　子どもは大人のミニチュアではなく、これから多くを学び、ぐんぐん伸びていく存在であることを忘れないでください。

子どものためにいまできることは、「知るって楽しい」「頑張るとできるようになる」という感覚を養わせること。そのためには、好きな科目を好きに勉強させ、いっぱいほめて、その気にさせましょう。少し回り道かもしれませんが、そのプロセスが、苦手な科目にとり組む原動力になります。少し解けるようになると、算数や数学もゲーム感覚で楽しめるでしょう。

苦手科目の強化のために塾に通うかどうかも、子どもの意欲しだい。無理に通わせたりするのは得策ではありません。

こんなときどうする!? 17

クラス替えを不安がるとき

大丈夫だよ！　また新しい友だちができるよ ✕

どんなことが心配？ ○

Lesson 017

不安の理由をまず聞いて、できることがあれば一緒に考える

Message

理由を決めつけて、解決策を与えていない？

クラス替えは、子どもの世界では一大事件。私たちも子どものころ、同じ体験をしたはずです。「なかよしのAちゃんと離れちゃったらどうしよう」「苦手なBちゃんと同じクラスだったら困る」と、朝からドキドキ。みんなで学校の掲示板に群がって、我先にとチェックしたものです。担任の先生が誰かも一大事でした。「えー！」とか「やったあ！」とか、あからさまに態度に出したりした記憶もあります。

子どもがクラス替えを前に不安がっていたら、当時の気分で、一大事件に乗っかってあげましょう。大人が知らない子どもならではの感覚、子どもに見えている世界を知るチャンスです。具体的な心配について話してくれたら、「そっか、それが心配だったんだね」と、温かく受け止めてください。親の目から見てどんなに些末《さまつ》なことでも、「そんなこと!?」と笑ったり、「気にしすぎ！」と否定するのは禁物です。

それから、親は占い師ではありません。「また新しい友だちができるよ」と、未来まで予見しなくて大丈夫。話を聞いて受け止めてあげるだけで、子どもの心は少し軽くなります。具体的な問題を抱えているのなら、どうすれば解決できそうかを聞き、一緒に考えてあげるといいでしょう。

こんなときどうする!? 18

突拍子もないことを言ってきたとき

ぼくはママから生まれてきたんでしょ？
ママはおばあちゃんの子どもなんでしょ？
おばあちゃんはどっから来たかナゾだよね
神なの？

× 普通は、そうは考えないよ

○ それは面白いね！どうしてそう考えたの？

Lesson 018

Message

子どもの発想を面白がって、子どもなりのロジックを聞いてみよう

「普通」を押しつけず、クスッと笑って楽しんで

ここはクスッと笑うところ！「おばあちゃんが神」なんて、最高のパワーワードです。どうしてそう思ったか、好奇心をもって聞いてみては？　子どもには子どもなりのロジックがあり、「なるほど」と思うこともあるはずです。

反対に、NG例はどうでしょう。「普通はそうは考えないよ」は子どもの創造力や思考を抑えつけ、萎縮させてしまいます。大人だって、つねに人と比べられたり、常識を押しつけられると苦しくなるもの。社会でもビジネスでも重視されている「ダイバーシティ（多様性）」とは真逆の価値観です。

スクールカウンセラーの仕事でも、「うちの子はみんなと違って変なんです」と、親から相談を受けることがあります。「それ、逆に面白がってみては？」「せっかく面白い子が生まれたんだから楽しまなきゃ」というのが、私の答え。自分の子どもにもその思いで接しています。「うちの子は怒りっぽくて」という相談には、「エネルギーの塊ですね。まだうまく使いこなせないんですよね」と、いい部分を見て肯定します。

これからの社会で活躍するのはむしろ、常識にとらわれず、新たな発想ができる人。「うちの子天才なの!?」くらいのおおらかな気持ちで、1人1人の個性を認めながら、楽しんでかかわっていけるといいですね。

こんなときどうする!? 19

忙しいのに、話が止まらないとき

× うん、うん……へえー

○ 手伝ってくれると早く終わりそうだから、お願いしていい？

Lesson
019

親の都合を伝えて手伝ってもらう。そのうえで、向き合って話を聞いて

Message

「家事をする」「ちゃんと聞く」を、1人で抱え込まないで

帰ってきた親に、学校のできごとをすべて話したがるおしゃべりな子もいますね。「うちの子、ずっとああやってしゃべってるんです……」と、お疲れぎみのママの話もよく聞きます。あまり話したがらない子の親からすると、うらやましい話。でも毎日続けば、さすがにおなかいっぱいでしょう。やさしく話を聞いてあげたいのに、仕事に家事に忙しく、うんざり顔になることも。「親としてダメなんじゃないか」と悩む日もあるかもしれません。

でも、家事も仕事も抱えて、子どもの話も全部聞いて……なんて、そこまで器用にできなくて大丈夫。ワンオペ育児の家庭も多く、ママたちはもう十分頑張っています。必要なのは、家族というチーム内での助け合いです。

子どもの話が止まらないときは、交換条件を提案してみては？　「ママのためにお手伝い」と「子どもの話をじっくり聞く」の交換です。夕飯の支度で忙しいなら、お米研ぎや野菜の皮むきなど、できそうなことを頼んでみて。出来栄えはともかく、「上手じゃない！」とその気にさせ、いろいろやってもらいましょう。「役に立てている」という感覚は子どもの自己肯定感にもつながります。

そして、美味しく夕飯を食べた後は、子どもの話を聞く時間。「おまたせ！　さっきの話聞かせて」と声をかけ、じっくり楽しく聞いてあげてください。

こんなときどうする!? 20

出かける時間に支度が終わらないとき

× だから、早くしてって言ったじゃない!!

○ もう時間だから、おしゃれはそこまでにして出かけよう

Lesson
020

自主性は大事。でも、すべてを子どもの都合にあわせない

Message

子どもの都合にあわせていると、焦りや怒りが強くなる

年ごろになれば、外出時におしゃれする子も増えます。髪をスタイリングして、服を選んで……と、身支度にも時間がかかるもの。では小さい子は平気かといえば、やはり本人なりのこだわりが。保育園や幼稚園に行くだけなのに、「あの赤い服じゃないとヤダ！」などとギャン泣きすることもありますね。

尊重したいのは山々ですが、とはいえ親も忙しい。出かける時間に支度が全然終わっていないと、焦ります。「もう間に合わない！」「あんなに言っておいたのに」と、不安や怒りの感情が一気にわき上がるでしょう。思わず子どもにぶつけてしまうのも、無理はありません。

もしも感情のままに強く言ってしまったときは、それ以上言わないようにするのが最善。大事な用事に遅れたり、ギリギリになったとしても、もう過ぎたことです。子どもは時間を読んで行動した経験が少なく、それゆえの失敗ともいえます。出かける途中や帰ってきた後で、くどくどいうのはやめましょう。

感情的にならずに話せそうなら、「もう時間だから、おしゃれはそこまでにして出かけよう」「必要なものは揃ってるからもう行くよ」などと、いますべきことを冷静に伝えます。1人で来られる場所なら、「先に行ってるね」と伝え、出かけてしまうのもアリです。

こんなときどうする!? 21

親が大切にしているものを壊したとき

×
何やってるの!?　大事なものだから、
さわっちゃダメって言ったよね
○
え〜、これは悲しい!!
何があったのか教えてくれる?

Lesson 021

「どうしよう、怒られる」と、子どもはただでさえ怯えている

Message

怒りをぶつけず、「悲しい」「ショック」の思いを伝える

結婚前にプレゼントしてもらったアクセサリーや、大切に飾っていた写真などの思い出の品。ボーナスで買った高額なカメラやPC、あるいは趣味のフィギュアなど。子どもに宝物があるように、親にも思い入れのある品々があります。それを台無しにされたら、ついカッとなることもあるでしょう。

そうした怒りの背景には、「ショック」「悲しい」などの気持ちが入り混じっています。まずはその気持ちを率直に伝えて。そうすると、子どもも「まずいことをしてしまった」と気づき、反省の気持ちがわき上がるはずです。そんな表情を見れば、親の気持ちも少し落ち着いてくるかもしれません。

そのうえで、子どもなりの理由を聞いてみます。「遊んでいたら、うっかり落として壊しちゃった」など、何らかのアクシデントかもしれません。あるいは、そんなに大事なものと知らなかった可能性も。ときには、かんしゃくを起こすなどして、わざと壊したということもありえます。その場合もきびしく追及せず、「あなたのことを知りたいから、何があったか聞かせてくれる?」という態度で接するようにします。

理由がわかったら、大切なものを壊すのはよくないという認識を共有し、どうすればよかったかを話し合います。

こんなときどうする!? 22

外食で騒いだり、走り回るとき

× みんな見てるじゃない、はずかしいよ

▼

○ ほかの人の迷惑になるから、静かにしよう

「大きな声で騒がない」など、行く前にルールを話しておこう

Message

親の体面より、考えて行動できることが大事

子どもを連れての外食には、賛否両論がありますよね。私自身は、大人向けの店は避け、小学生のうちはファミレスまでと決めています。もっと大きくなったら、おしゃれなお店に一緒に出かけるのが楽しみの1つです。

とはいえ、ファミレスならオールOKかというと、そうもいきません。騒いだり走り回ったりすれば、周囲の視線が気になるのは当然。「みんなが見ていてはずかしい」が本音でしょう。でも、「あなたたちの行動がはずかしい」よりは、「みんなの迷惑になるから静かにしよう」「席を立たずに座っていてね」など、望ましい行動を具体的に言うほうが、理解も納得もできます。

一度は言いつけを理解できても、楽しくなるとすぐブレーキがきかなくなる子もいます。会話に夢中でつい声が大きくなったり、親の言葉が耳に入らなくなったり。「だって〜」と、言い訳する子もいますね。その場で言っても聞かない場合は、出かける前に〝お約束〟をしておきましょう。「椅子から離れない」「大きな声を出さない」「歌わない」など、内容はなるべく具体的に。

それでも守れなかったときは、帰宅後に「今日はどうだった？」と尋ね、本人に考えさせます。自分で課題に気づけているなら、「次は頑張ってね」のひと言で十分。まだまだ訓練中の身と考えて、長い目で教えていきましょう。

こんなときどうする!? 23

食べかたがきたないとき

✕ そんなみっともない
食べかたしないで

▼

○ こうやって食べると
きれいだよ

Lesson
023

子どもの脳のキャパは小さい。どうすればいいかだけ伝えて

Message

子ども自身を否定せず、食べかたのお手本を見せる

食べかたのマナーは、家庭の基準によってさまざまです。「子どものうちは好きに食べさせればいいじゃない」という家庭ももちろんあります。一方で、「最低限のしつけとして教えておきたい」という家庭もあるでしょう。

しつけとして教える場合は、いまの食べかたを「みっともない」「きたない」と否定しないこと。子ども自身を否定する言葉として伝わる可能性があります。それに、子どもの脳は未発達。一度に複数の情報を処理するのは苦手です。「なぜダメなのか」「どうすればいいのか」という2つの情報を与えるより、後者だけに絞ったほうが理解しやすいのです。「こうやって食べるときれいだよ」と、お手本を見せて話してあげましょう。前より上手にできたときは、「いいね、上手だね！」の言葉でやる気をアップ。食事中にクチャクチャ音を立てる場合も同じです。「クチャクチャと音立てて食べちゃダメ。静かにね」ではなく、「音を立てないで食べるんだよ」と、正解だけを伝えます。

食事のマナー以外でも、否定的な言葉で子どもを注意するのは避けましょう。軽い気持ちだとしても、「本当にバカなんだから」「何それ、最悪！」などの言葉はNG。「自分はダメなんだ」という思いが強まり、自己肯定感がどんどん下がることに。適切な行動を学ぶ余裕もなくなってしまいます。

子どもの友だち関係、立ち入りすぎに注意!!

子どもは子どもの世界で成長していく

あなたは子どもの人間関係に口出ししますか？「あの子とはあまりかかわらないほうが」と干渉した経験はないでしょうか。

子どもには子どもの世界があります。たとえ問題児といわれる子でも、いい部分は必ずあります。「家庭が複雑だから」などと、ステレオタイプな見かたで口出しするのは考えものです。

もしその関係が原因でいざこざが起きても、それは子どもの世界のこと。ケンカだってもちろんアリです。うまくいかない関係のなかで葛藤することも、子どもには大きな学びなのです。

話したいときに話すのが人間関係の基本ルール

いつも仲よくしているグループ内で、いざこざが起きることもありますね。話を聞いていると、「それはAちゃんが悪いんじゃないの」などと、つい口出ししたくなります。でも、親の役割は友だちをジャッジすることではありません。子どもが悩んだり、苦しんだりしたときに、思いを聞いてあげることです。

親側からあれこれ質問し、状況を把握する必要もありません。「いつでも聞くよ」の思いだけを伝え、あとは本人に任せましょう。子どもが話したいときに話すのが、対話の大前提です。

PART 2

思いを受け止めて、"いいね"のサインを出す

子どもの
安全基地になる!

子どものためにと、何もかもやってあげる必要はありません。
大切なのは、子どもにいろんな思いを体験させ、
それをしっかり受け止めること。
困りごとや悩みにも介入しすぎず、
状況を広く見渡してサポートします。

全体像を見てみよう

「気持ち-考え-行動-身体」の関係に気づく

「ニンチコ」視点で、子どもの様子を見守って

子どもの安全基地になる方法は、とてもシンプル。ありのままの子どもを丸ごと愛し、受け止めてあげることです。

そのために役立つのが、「認知行動療法」の視点です。心をケアする科学的な方法で、大人にも子どもにも広く使われています。名前がちょっとむずかしいので、子どもたちに「ニンチコ」の愛称をつけてもらいました。かわいくて、私も愛用しています。

ニンチコでは、「気持ち」「考え」「行動」「身体」のつながりに注目します。たとえば登校前に、急におなかが痛くなったとき。その背景には、「学校でイヤなことが起きたらどうしよう」などの考えや、不安な気持ちがあります。それが腹痛という症状や、学校に行けない行動として現れるんです。

このような全体像は、子ども自身には見えていません。親鳥になった気持ちで、少し高い位置から見守り、気づいてあげましょう。そのうえで、負のループから抜け出す方法を考えて。「学校で心配なことがあるのかな?」「不安なんだね」などと言語化し、受け止めてあげるだけで、子どもの心はラクになります。

Lesson
024

1つのできごとでなく、つながりに注目！

身体の症状や行動だけでなく、その背景にある気持ち、考えとのつながりを見てみよう。大きな視点で見ることで、子どもを安心させ、適切なサポートをしてあげられる。

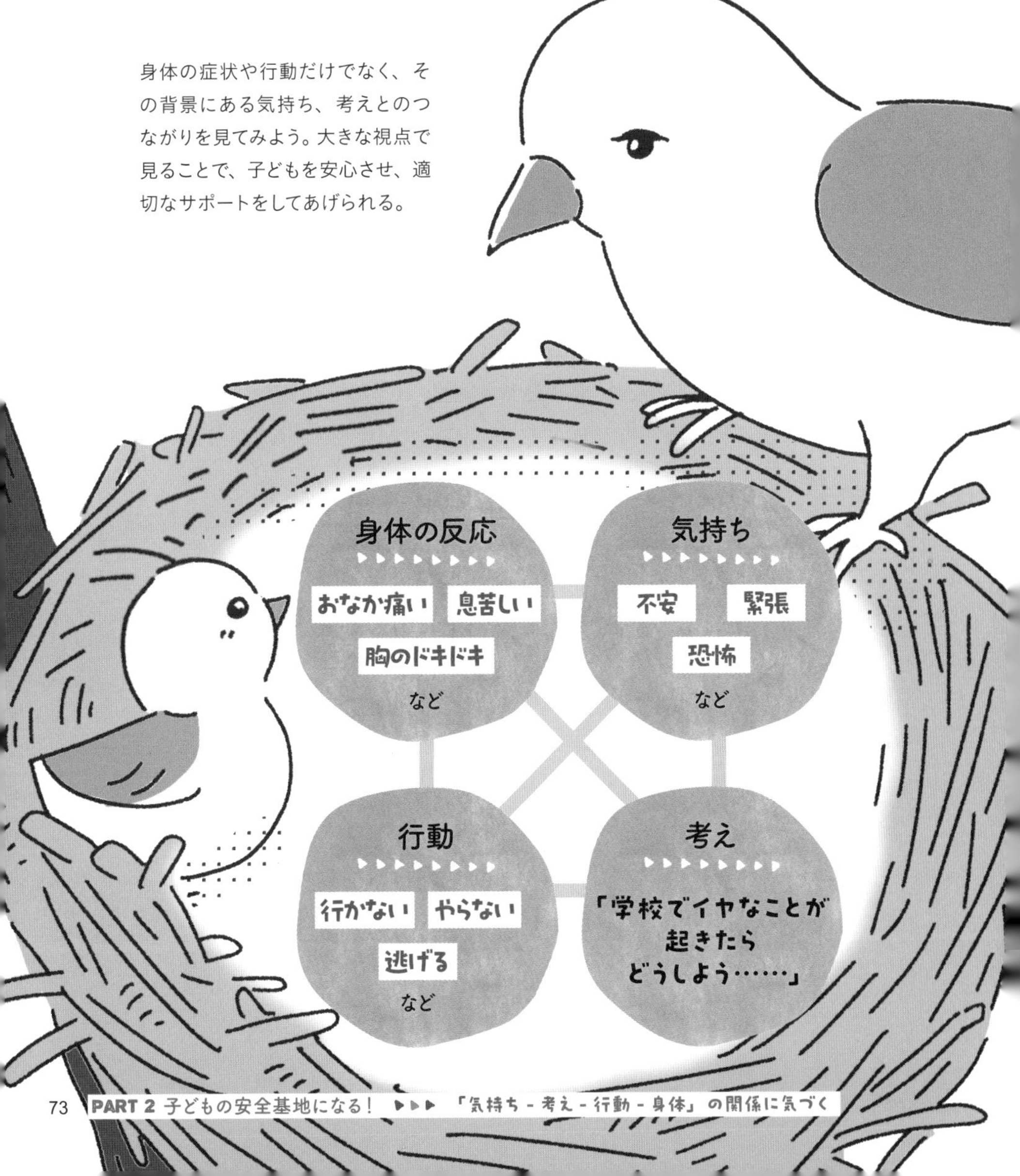

身体の反応
おなか痛い
息苦しい
胸のドキドキ
など
気持ち
不安
緊張
恐怖
など
行動
行かない
やらない
逃げる
など
考え
「学校でイヤなことが
起きたら
どうしよう……」

全体像を見てみよう

SOSに気づいたら、状況を広く見渡そう

気持ちや行動の「負のループ」に陥っていることも

学校や塾、習いごとに行く前に、ハァーとため息。表情も何だかどんより。こんなとき、皆さんはどんな言葉をかけますか？

考えられる原因はいろいろです。「勉強がわからなくなっている」「友だちとうまくいっていない」などが代表的ですが、家庭内の何かがストレスになっていることも。

こうしたストレスから、「もう休みたい」「逃げ出したい」「ラクになりたい」というSOSを発し始めます。しかもつらい状況のときは、左図のような負のループに陥りがち。「不安だし怖い↓行動しない↓一時的にはラク」といった流れで、悪循環が続くのです。

SOSに気づいたら、「勉強が大変なんだね」「やることが多くて疲れちゃったんだね」など、親の目から見た理解を言葉にしましょう。気持ちを話し始めたらていねいに聞き、受け止めてください。

このとき大切なのが、状況を広く見渡し、どんな負のループに陥っているかを考えることです。「勉強がわかんないんだね」↓「だから学校行くのがゆううつなのかな」↓「ゆううつな気分で学校に行くと、勉強にますます集中できないよね」などと状況を共有します。

Lesson
025

子どもたちによくある、典型的な「負のループ」

確認のループ

「いつもちゃんとしてなきゃ」という考えから不安になり、確認行動などをくり返す。

忘れもの
ないよね…？
考え
いつもちゃんとしないといけない
気持ち
不安
行動
何度も確認する

不安のループ

不安な行動を避けていると、不安な気持ちが大きくなり、ますます行動できなくなる。

気持ち
不安だし怖い
行動
やらない

落ち込みのループ

「自分はダメ」と思うと気持ちが落ち込み、その気分のせいで、「やっぱり自分はダメ」と考えてしまう。

気持ち
元気が出ない
考え
自分ってなんてダメなんだろう

全体像を見てみよう

子どもの力を信じて、よけいな手出しはしない

親による解決は、いいことばかりじゃない

子どもがつらそうなとき、親はつい手出し、口出しをしたくなるもの。「一緒に予習して授業に備えよう」「友だちにイヤなこと言われても、ほっときなよ」などと、親の手で解決しようとします。

でも、子どもの未来にはたくさんのハードルが待ち受けています。つねにそばにいて、課題を解決してあげることはできません。そのようなかかわりかたを続けると、自ら立ち向かう力が育たず、どこかで心がポッキリ折れる可能性も。子どもの自立を促し、立ち向かう力をつけさせることも、安全基地としての親の役割です。

親にできるのは、子どもの思いや状況を言葉にすること。そしてできている部分に目を向けて、子どもが自分の力や可能性を信じられるようにすることです。「このあいだは宿題が3つもあったけど、どれもよくできてたよ」「お友だちの気持ちをよく考えられていると思うよ」などの言葉をかけてあげてください。「できているよ」「頑張ってるよ」「素敵だよ」の言葉が、子どもの心の栄養となり、自分の力を信じられるようになります。そこからどうするかは、子どももしだい。親は子どもの力を信じ、サポート役に徹してください。

Lesson
026

親に思いを話すことで安心し、自分なりの答えを見つけていくことも多い。

子どもの世界に踏み込みすぎず、どっしり構えて

子どもの世界をどこまで把握するかは、子どものタイプにもよります。タイプはおもに3つ。1つめは、親に何でも話したい子。2つめは、何でも話しているようで、肝心なことは言わない子。3つめは全然話さない子です。こうした性格や意思も尊重してください。

1つめのタイプの子には、話の内容に寄り添い、しっかり受け止めましょう。2つめのタイプの子には、「何かあったらママに何でも話してね」というメッセージをときどき送って。3つめのタイプの子には、実況中継的な声がけが役立ちます。「今日はなんか、ため息の数が多いかも?」などと、ひとり言のように軽く口にする方法です。心に直接踏み込まず、〝あなたのことをちゃんと見てるよ〟〝いつでも頼って〟のメッセージを届けられます。「犬の散歩行かない?」と気分転換に誘うなどの間接的なサポートも役立ちます。

どのタイプにも、よけいな手出しや口出しは不要です。干渉はせず、いざというときに頼りになる「肝っ玉母さん」のイメージでかかわって。子どもは案外、見えないところで頑張っているかもしれません。その力を信じ、自分なりに対処するのを見守りましょう。

気持ちに注目

いまの感情は、「気持ちカップ」の何分目？

気持ちを特定し、言葉にすることが第一歩

ニンチコで扱う「気持ち」「考え」「行動」「身体」のうち、気持ちについて見てみましょう。人の感情は大きく6つあります。「喜び」「悲しみ」「驚き」「怒り」「嫌悪」「恐怖」で、世界共通の基本的感情です。ほかにも「不安」「安心」「くやしい」「はずかしい」などの多様な感情があり、言葉の数だけ感情があるといっていいほどです。

ただ子どもたちは、これらを識別し、言葉にする術をもっていません。成長とともに多様な感情を経験し、周囲の人とそれを話し合うことで、気持ちを特定できるようになります。これが、自分の気持ちと上手につきあうための第一歩です。

そのためには感情を十分に体験させ、親が言葉にしてあげることが重要。たとえばゲームに負けて顔を赤くしているときは「くやしかったんだね」。大事なものをきょうだいにとられて怒っていたら「腹がたったんだね」と言葉にします。さらに「気持ちわかるよ」と寄り添ってあげると、安心して感情を体験できます。

この経験の蓄積により、どんな気持ちも安心して感じられるようになり、自分から言葉で表し始めます。

Lesson
027

気持ちカップが容量オーバーになると、自分ではコントロールできない。少ないうちに対処しよう。

不安も怒りも、あふれる前なら対処しやすい

どんな気持ちも、人の心にとって大事なもの。「ポジティブ感情＝いいもの」「ネガティブ感情＝いけないもの」ではありません。たとえば不安や怒りは、人間が外敵から身を守るために発達させてきた感情。危険を察知して逃げたり、戦いが必要なときに役立ちます。ただしこうした感情が過剰になると、生活に支障をきたします。

不安で何もできなくなったり、怒りで人間関係を壊してしまうことも。これを防ぐには、感情があふれてしまう前に対処することです。

いつも不安を感じていたり、しょっちゅう怒り出す子には、気持ちカップを使って数値化する方法が役立ちます。「気持ちがあふれるくらい強いときを10として、いまは何分目？」と聞いてみてください。小さい子には、カップの絵に色を塗ってもらってもいいでしょう。

これが自分でできるようになれば、大きな成長。ストレスを感じたときに、「いまは4分目」などと数値化し、客観視できるようになります。満杯に近づいたら、気持ちのコンディションがよくないと考えて、無理させないように。「今日は気持ちがいっぱいいっぱいだね。気分転換する？」などの言葉をかけてあげてください。

気持ちに
注目

気持ちを表す
顔日記をつけてみよう

書くことで、〝見える化〟できることもある

自分の気持ちに気づくには、気持ちを表す顔日記もおすすめです。その日の気持ちを顔マークにして書いていくだけなので、小さい子でも簡単。かわいい手帳などを用意して、スケジュール欄に書いていくと、遊び感覚で楽しめますね。「友だちとケンカして落ち込む……」など、ひと言メモを書き添えてもいいでしょう。

顔日記の効果は、気持ちという目に見えないものを〝見える化〟し、客観視できることです。たとえば、友だちとうまくいかなくて落ち込んだ日。家に帰ってきてからも、頭のなかはそのことでいっぱいです。顔日記もきっと泣き顔になっていることでしょう。でも、翌日以降の日記はどうでしょう？　翌日には仲直りし、また笑顔になっているかもしれません。たとえしばらくのあいだ、不仲が続いても、どこかのタイミングで状況は変わっています。こうした変化を見ると、「つらいことばかりじゃないし、やがて状況はよくなるもの」と、実感をもって受け止められます。

これをくり返すうちに、「前もこんなことがあったけど、大丈夫だった。きっと何とかなる」という自信もついてきます。

……でも、スイミングの
帰りにさくらちゃんと
しゃべれて楽しかった〜
悪くないのに
怒られて
サイアク!!

イヤなできごとに飲み込まれず、「楽しいこともあった!」と気づくきっかけにもなる。

親もつけてみて、気持ちを話し合うのもいい

親がストレスを感じたときにも、この方法は有効です。「月曜は朝から会議でゆううつ」など、ストレスを感じる場面がひと目でわかります。曇り顔や怒り顔が続く日は、休養が必要なサインかも。子どもにイライラしてしまう前に、早めに対処できると理想的です。

気持ちには生理的な要因も強く影響しています。おなかがすいたとき、眠いときはイライラしがち。暑さ、寒さなどで不快なときも、イライラやゆううつにつながります。子どもの言動にイライラしたら、こうした背景要因がないか考えてみましょう。「とりあえずチョコ食べるか」などの対処法で、気分がマシになることもあります。

顔日記で気持ちのパターンに気づいたら、ゆううつな予定がある日に、自分へのごほうびを用意するのも手。安定した気分で過ごし、子どもにストレスをぶつけずにすみます。

親の顔日記を子どもに見せて、「ママの気持ちはこんな顔」「〇〇ちゃんはどうだった?」と見せあうのもおすすめです。互いの気持ちに気づき、どんなことを考えているか話すきっかけになります。子どもも親もストレスに早めに気づき、対処できるといいですね。

気持ちに注目

気持ちが強く動くのは、どんなとき？

気持ちのパターンをつかむと、対処しやすい

同じできごとでも、受け止めかたは子どもによってさまざまです。たとえば友だちに話しかけて、返事がなかったとき。「聞こえてなかった？」「何かに夢中なのかな」と思える子は、落ち着いた気持ちで対処できます。でも、「きらわれて無視された！」と考える子にとっては一大事。帰宅後もずっと落ち込んで過ごすかもしれません。

気持ちカップや顔日記を日常的に活用すると、このパターンに気づきやすくなります。「また落ち込んじゃった。そういえばこのあいだも……」と気づけたら、それだけで大きな成長。自分では気づけず、負のループに陥っている子には、親が言語化してあげましょう。「悲しいってことは（気持ち）」→「無視されて（できごと）」→「自分は誰にも好かれない人だって思っちゃったのかな？（考え）」と、全体像を意識して伝えます。

それがわかったら、「気持ちカップが3分目くらいのときに対処できるといいよね」「無視されたとはかぎらないかも」「ほかの考えかたはないかな？」などと、親子で一緒に考えてみましょう。気持ちが動揺したときのとっさの対処法（↓Part3）も役立ちます。

Lesson
029

「このあいだと同じ」と気づけたら、大きな成長

このようなパターンに気づけたら、「よく自分で気づけたね。すごい！」とほめて。そのうえで、悪くないのに怒られたときの言いかたを一緒に考えよう。とくに役立つのはI《アイ》メッセージ(→P106)。

ちょっとわかったんだけどさ、腹がたつのは悪くないのに怒られたとき
「そうじゃないよ」って言いたいのに、すぐに言葉が出てこないからかも

気持ちに注目

ネガティブな気持ちも大切に受け止めて

不安も怒りも大切な感情。なくさなくていい

気持ちと上手につきあうことは、心の健康を守るために大切なこと。ただ、ネガティブ感情をゼロにするのが目標ではありません。怒りや不安などのネガティブ感情は、「心にストレスがかかってるよ。何とかしてよ～」という大事なメッセージ。気づかないフリをして抑え込むほど、「僕たちの存在に気づいて！」と存在をアピールしてきます。結果として、どこかで気持ちが爆発してしまいます。

子どもがネガティブ感情を抱えているときは、「泣いてもいいんだよ」「怒ってるんだね」「わかった、わかった」などの言葉で受け止めて。「どんな気持ちも大事な気持ち。はずかしくなんかないよ」と伝えましょう。ネガティブ感情を何度も経験し、向き合うことで、子どもの心のキャパも広がっていきます。

また、親自身がネガティブ感情に否定的だと、子どもにも影響します。「いつもニコニコしてなきゃダメ」などの考えをもっていないか、一度振り返ってみて。大人だって、つらいときは感情を出していいんです。子どももそんな姿を見て、「誰だってつらいときがある」「気持ちを押し殺さなくていいんだ」と気づけるかもしれません。

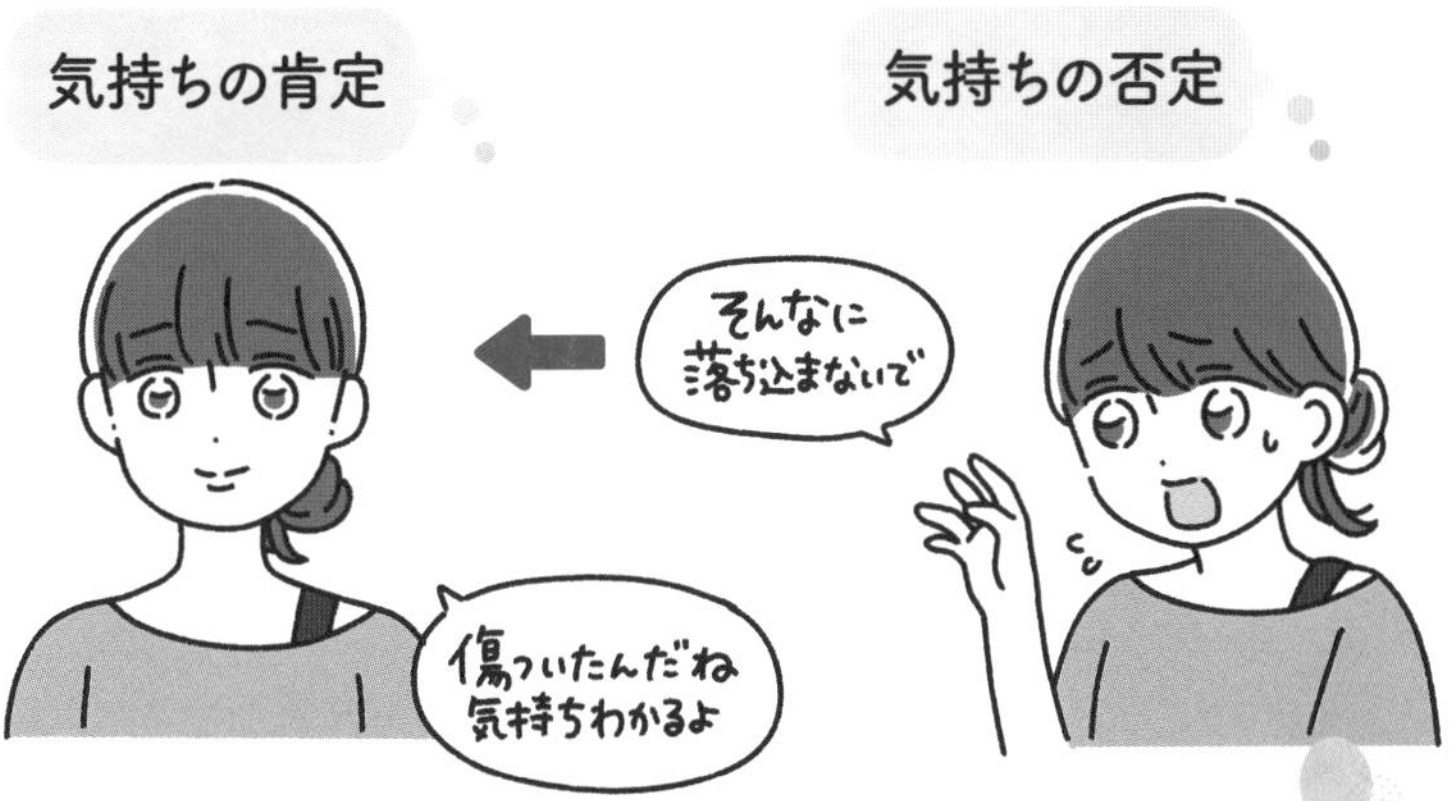
気持ちの肯定
気持ちの否定
そんなに
落ち込まないで
傷ついたんだね
気持ちわかるよ

「落ち込まないで」「怒らないで」「泣かないで」などの否定は、なるべく避けて。

いろんな思いを受け止めるのが安全基地の役割

「何かあるとすぐ泣いちゃう。このままじゃ大人になって苦労する」。「気に入らないと、すぐムッとする。少しは我慢を覚えてほしい」。こんな不安や願いを抱える親もいるのではないでしょうか。「そんなことですぐ泣かないの」「ちょっとは我慢して」などの言葉も、子どものよりよい将来を願ってのことでしょう。

ただ、子どもの成長は、親の想像以上に速いもの。経験を積むうちに、自分の気持ちとうまく向き合えるようになり、安易に人にぶつけたりしなくなります。「あのころは泣いてばかりでかわいかったな」と懐かしく思えるほど、あっという間の成長です。ですからいまの段階では、安心して感情を体験させてください。感情を抑え込むことなく、十分に味わってこそ、向き合いかたが見えてきます。

感情のコントロールができずに学校生活をうまく送れなかったり、いつも人と衝突している子の場合は、スクールカウンセラーに相談してみるのも手です。ただ、「うちの子異常なのかな」とは思わないで。〝感情とうまくつきあう方法を教わりに行く〟くらいの気持ちで、扉をたたいてみてくださいね。

考えに注目

考えかたの「いいところ」「素敵なところ」を見つける

「ダメダメ眼鏡」を外して、子どもを見てみよう

ニンチコで扱う「気持ち」「考え」「行動」「身体」のうち、今度は考えについて見てみましょう。ものごとの受け止めかたを「認知」といい、ニンチコ（認知行動療法）の名前はここからきています。認知は人によってさまざま。テストで悪い点をとったとき、「また頑張ろう」と思える子もいれば、「親ががっかりする」と考える子も。〝よい〟〝悪い〟ではなく、考えかたの癖ですね。これが極端な子は、考えかたを変える方法もアリ（→P90）。ただ、その前にできることがあります。親が子どもを見るときの認知を見直してほしいんです。

カウンセリングをしていると、「うちの子はあれもできない、これもダメ」といった悩みを聞きます。それって本当でしょうか？ 子どもの将来に期待するあまり、足りない部分ばかり見ていないでしょうか。これが、多くの親がもつ「ダメダメ眼鏡」。子どもはそのたびに、「また怒られた」「ダメって言われた」と自信を失います。子どもはいまの自分を認めてほしいんです。「きょうだいが困ってると、すぐ気づいてくれるよね」「慎重に考えられるのはすごくいいね」など、ものの見かたのいい部分に注目してあげましょう。

Lesson
031

考えかたのよい部分、自分にはない部分に気づいたら、「いいね」「素敵だね」の言葉を。これにより自己肯定感が育つ。

その視点は
ママにはなかったなー
相手のことすごく
考えてて、やさしいね

いつもの行動にも、いいところがきっとある！

「でもうちの子は、本当に何1つ頑張らないし、だらけてばかり」と訴える親もいます。でも、何1つ頑張らず、24時間だらけているのって、むしろ大変では!? ダラダラしている姿ばかり目につき、別の部分の頑張りが見えていないだけかもしれません。

どの子にも、頑張っていること、できていることが必ずあります。毎日学校に行って、じっと座って授業を受けているだけでも、すごい頑張りです。そのうえ宿題や習いごと、部活まで。家ではソファでゴロゴロしたくもなるでしょう。いい結果が出ない子や不器用な子にも、「いまは不器用だけど、将来は大丈夫！」「遅咲きなんだよね」と、子どもの伸びしろを信じて見守ってください。

なお、子どもにダメ出しする傾向は、親自身の生育環境の影響のこともあります。自分がされたダメ出しを、子どもにも思わずしてしまうんです。でも、育った環境について深追いしても、何も生まれません。いまとこれからに目を向けて、自分がかけてほしかった「いいね」の言葉を、子どもにたくさんかけてあげてください。そして親自身の自己肯定感も育んでいきましょう（↓Part4）。

考えに注目

子どもと大人は違う。だから面白い!

いましかふれられない、子どもならではの視点がある

考えかたの違いは個性の1つ。だから人との会話は面白いんです。独身時代の、友だちとの恋愛話を思い出してください。「私は◯◯な人がいいな~」「えー、なんでなんで?」と、夢中で話しませんでしたか? 自分にない視点はそれ自体が魅力であり、面白さです。

なのにわが子のこととなると、「普通はそんなこと考えないよ」「その考えかたは変だよ」などと、気安く言ってしまいがち。子どもであっても、別の人格をもった1人の人間です。自分とは違う見かた、考えかたに、好奇心をもってふれられるといいですね。

それに子どもは、小さな世界で懸命に成長しています。いまは自分の世界を少しずつ拡張し、つくり上げているところ。毎日が新たな刺激や知識にふれる体験です。常識外だったり、つじつまがあわない考えかたでも、子どもの目には、世界はそう映っているんです。その視点にふれられるのはいまだけ。もう少しお兄さん、お姉さんになれば、いかにも大人が言いそうなことを言うようになってきます(しかも、しれっとしたしたり顔で!)。いましかふれられない子どもならではの視点、考えかたを、おおいに楽しんでください。

Lesson
032

どの時代にも見られる、子どもならではの謎ルール。子ども時代に実践していた人もいるのでは？

近視眼的にならず、クスッと笑って受け止めて

子どもの話に間違いや事実誤認があると、真面目な親は、「それは違うよ」などと否定しがち。でもそんなの、正直たいしたことではありません。知識や理解の違いを、いまから全部直さなくても大丈夫です。子どもは自分が感じたこと、身につけた知識を親に聞いてほしいんです。勘違いとわかっていても、「えー、そんなことあるの!?」と、楽しく乗っかる余裕をもちたいものです。

話を聞いていくうちに、子どもなりのロジックが見えてきて、驚かされることも。妙に合点がいく部分だってあります。「その発想はなかったわ」と面白がって、自由な発想を育んでください。

ときには、池に落ちて泥だらけで帰ってくるなどの事件もあるでしょう。親からすれば意味不明です。ケガが心配だし、洗濯などの面倒だって増えます。でも、ここはコメディ映画のスクリーンを眺めるように、子どもの行動を見てあげましょう。気になる虫や猫を追いかけていたら、突然、池にボチャン！　怒りを忘れて、ちょっと笑えてきませんか？「うちの子最高に面白いわ」とまで思えたら、子どもも萎縮することなく、のびのび元気に育つはずです。

考えに注目

ほかの考えかたがないか、楽しみながら一緒に探す

心をつらくする考えが浮かぶこともある

考えかたはそれぞれですが、自分の心をつらくする考えばかりが浮かぶ子もいます。「何をやってもダメ」「自分は人に好かれない」などの考えです。ささいなミスでも、「もうおしまいだ」「終わった！」と考えてしまう子も。代表的なのは、次のような考えかたです。

●白黒思考……ものごとを0か100かで極端に考え、中間がない
●マイナス化思考……すべてのできごとにマイナスの解釈を加える
●すべき思考……「いい子でなくちゃダメ」などと自分を追い込む
●一般化のしすぎ……1つのイヤなことを、全部にあてはめる
●結論の飛躍……根拠もないのに、ひどい結果になると思い込む

子どもがこうした考えでつらくなっていたら、現実的な考えを見つけられるよう、手伝ってあげてください。「ママだったらこう考えるかな」「ほかの可能性もあるんじゃない？」などの言葉で、柔軟に考えられるようにします。大切なのは、「そんなふうに考えちゃダメ」と否定しないこと。子どもはますます自己肯定感を低下させ、「やっぱり私はダメなんだ」などと落ち込んでしまいます。考え探検隊になったつもりで、楽しみながら、別の考えを探しましょう。

Lesson
033

正解はない。1個でも多く見つけることが大事

LINEの返事がない…
きらわれることしちゃったのかも

別の考えは？

考え 1
お風呂入ったりしてて、
気づいてないだけかも

考え 2
私だって、すぐ返事
できないことはある

考え 3
ママに、「夜はス
マホしまって」っ
て言われたのかも

例 1

友だちがまだスマホを見てないなど、いろんな可能性がある。「返事がない＝きらわれた」とはいえない。

受験に失敗したら
もう終わりだ…！

別の考えは？

考え 1
志望校に落ち
ても、実際は
何も終わらない

考え 2
行く学校が
なくなるわけ
でもない

考え 3
自分を追い込むと力が
出ないから、とりあえず
できることをやろう

例 2

志望校に落ちても人生は終わらない。行く学校はほかにもあるし、案外、そっちのほうが楽しいかも？

考えに注目

何もできないときをゼロとして、いまは何点？

「ぜんぜんダメ」と思っても、進歩はどこかにある

「勉強もスポーツも苦手だし、自信なんてもてない」「自分には何のとりえもない」という子もいます。このような子は、ダメダメ眼鏡のせいで、自分のいい部分が見えなくなってしまっています。

勉強だって、去年と同じ学力ということはないはず。去年はわからなかった算数の問題が今年は解けたり、知らなかった漢字を書けるようになるのも、大きな進歩です。「ぜんぜんダメ」と思っても、進歩は必ずあるものです。「算数無理」というときは、「算数を始めたころより、いろんな計算ができるようになったよね」と伝え、進歩に目を向けさせましょう。「始めたときをゼロとして、いまは何点？」と数値で答えてもらうと、効果を実感できます。

「自分はできない」と感じるのは、ほかの子と比べてしまうから。これは学校や受験制度の問題ですから、落ち込むことはありません。わからなかったことがわかる楽しさを大切にしてあげましょう。その気持ちさえあれば、学力は必ず伸びます。

勉強にかぎらず、成長した部分に注目して「すごいね」「いいね」と声をかけ続けると、自己肯定感が徐々に育っていきます。

Lesson 034

子どものことを夫婦で話すときも、「何もできないときをゼロとして、いまは何点？」と考えてみよう。

できないことも、焦らずゆっくり見守って

親がダメダメ眼鏡をかけていて、子どもの成長に気づけていないことも多いもの。カウンセリングでも、「うちの子、勉強も何もまったくやらなくて」「いつも言うことをきかなくて」と相談を受けます。

そんなときは、「何もできなかったときをゼロとして、いまは何点？」の出番。専門用語ではスケーリングクエスチョンといい、カウンセリングでも使う手法です。「いつも」「まったく」「絶対」と思うとき、それが事実かどうか、数値でわかるのがメリット。たいていは、「さすがに0ではないかも。20点くらい？」と気づいてくれます。視点をズームアウトし、状況を幅広く捉えられるんです。

次に20点の理由を考えてみます。「気が向くと、好きな教科の勉強をすることがある」など、具体的な進歩が見えてくるはず。「じゃあ、どうなると30点になる？」と掘り下げていくと、「宿題だけは頑張ってみる」など、具体的な目標も見えてきます。こうなればしめたもの。その目標に向けて、子どもを応援してあげましょう。

日ごろの言動に悩まされたときも、この方法で自分に問いかけを。前よりもよくなっている部分が見えてくるはずです。

考えに注目

いい変化に気づいたら、実況中継的にほめる

直接的でなく、さりげなくほめるテクニック

子どもが新たな考えを自分で見つけたり、考えの幅が広がったり。そんな変化に気づくと嬉しいものです。ありのままの自分を認め、自信をもってもらうため、ぜひフィードバックをしたいところです。

ただ年齢が上がるほど、フィードバックにも工夫がいります。小学校低学年くらいまでは、ほめられると素直に喜びますよね。でも中学年、高学年になり、やがて中学生にもなれば、さほど喜ばないことも。大人の下心を勘繰ったり、「ほめるならなんか買って！」「ゲームを好きなだけやらせて」などと計算高いことを言う子もいます。「そのくらい別に」と、クールにふるまう子も出てくるでしょう。

このような子たちには、「すごい」「えらい」よりも、さりげない声がけが有効です。たとえば失敗でへこみやすかったり、友だち関係でよく泣いていた子が、自分で気持ちを切り替えられたとき。「あれー、なんか切り替え上手になってる」「気分の変えかたを見つけたんだね」などと、ひとり言っぽくつぶやいてみて。「あなたの変化をちゃんと見てるよ」というメッセージとともに、親自身の嬉しい気持ちを込めて言葉にしましょう。

Lesson 035

「あなたの変化にちゃんと気づいてるよ」「私も嬉しいよ」の気持ちを込めつつ、さりげなく言葉にしよう。

片づけができたときなど、行動の変化にも注目

これまでできなかった行動ができたときも、同じように間接的にほめてあげてください。部屋がいつも散らかっていたのに、ときどきは片づけるようになったら、それだけで大きな進歩。帰ってきて部屋をのぞいたときに、「おっ、片づいてる」などと嬉しそうにつぶやいてみて。返事がなくてもかまいません。親の嬉しそうな言葉から、「ちゃんと気づいて認めてくれた」と感じているはずです。

なお、直接的にほめるときも、間接的にほめるときも、ほめかたにはルールがあります。それは「その場で」「すぐに」言葉にすること。行動して時間がたってから、「ちゃんとできてえらかったね」「すごいね」と伝えても、望ましい行動として定着しにくいのです。ほめたりほめなかったり、親の気分しだいで言葉をかけるのもよくありません。いい行動が習慣になるまでは、その行動に気づくたびに、「いいね」のサインを送ってあげてください。

よくない行動を叱るときも同じです。あとからネチネチお説教するのはNG。気づいたときにすぐ伝えましょう。感情的にならず、どうしてほしいかを端的に伝えることも大切です。

考えに注目

気になる死や性の話も、避けずに向き合って

子どもが口にしたときが、話を深めるチャンス

いつの時代も、子どもたちは、死や性の話に興味津々。かつてはタブーとする家庭も多かったのですが、いまは違います。人や生きものの死は、命の尊さに直結する重要なテーマです。性教育も進歩し、自分の体を大切にすることを早期から教えるようになりました。ただ、子どもの心の準備ができているかどうかも、同じくらい大事。ものごとにはタイミングがあります。「人が死ぬことについてどのくらい理解できてる?」「身体や避妊のことを学ぼうよ」といきなり言われても、受け止めきれないかもしれません。子ども自身が知りたいと感じ、話題にしてきたときが、話を深めるチャンスです。

大切なのは、隠しごとをしないこと。人はいつか死にますし、死にかたもいろいろです。祖父母などの近親者の死も、子どもが知りたいと思うことを率直に話してください。性についても、はずかしいこと、いやらしいことと思わせないように。好きな人と手をつなぎたいと思ったり、身体に興味をもつのは自然なことと伝えます。

私の家では、まだそのタイミングではない様子。ただウクライナ紛争を機に、命の大切さについては何度も話すようになりました。

Lesson 036

自分たちの性の話も、はずかしがることはない。「いやらしいこと」と思わせておくほうが、ずっと心配。

そうだよ。
好きな人と
ふれあいたいのは
自然なことだよ
パパと
ママも…

話さないことで、怖いイメージがふくらむ子もいる

スクールカウンセラーをしていると、死や性の話と無縁ではいられません。「死にたい」という言葉を発したり、リストカットをくり返す子もいます。こうした言動は、子どもたちの切実なメッセージです。私もカウンセラーとして、人として全力で向き合います。まだ十数年しか生きてなくて、この先の人生ははるかに長いこと、いまを乗り越えられたら何がしたいかなども話し合います。

性についても、親より話しやすい部分があるのでしょう。とくに中学生の女の子から、セックスの話を聞くことがたびたびあります。なかには、「早くすませたいんだよね」なんて子も。スマホで知らない大人とつながり、外で会っている子もいます。こんなときも、まずは子どもの思いを聞くのが前提です。早すぎる性体験が心の問題と関連していないかも見て、話し合っていきます。

このように、親にとっては思いもしない状況になっていることも。何も話さないままでいると、怖いイメージをふくらませるほか、現実に危険な行為に踏み込んでいく子もいます。話したいそぶりがいつまでも見られなければ、どこかの段階で話題にあげてみましょう。

行動に注目

何でも先回りしない。察しの悪い親になろう

表情などで気づいていても、あえて手を出さない

子どもが失敗して落ち込む姿を見たくない――そんな思いから、何でも先回りしてやってあげる親もいます。翌日着る服を揃えておいてあげたり、交友関係に口出ししたり。進路も習いごとも、親がすべて決めたり、解決したりしているかもしれません。

気持ちはよーくわかります。でも、このようにして育った子は失敗のチャンスを奪われ、失敗から学ぶことができません。少しの不安でも「やっぱり自分はダメ。何もできない」と感じるように。つねに親に依存し、要求がエスカレートすることも。自己肯定感をもてないうえ、レジリエンス（↓P12）も身につかないでしょう。

私はこうした親の話を聞くとき、「察しの悪い親になって」とよく言います。親は子どもの不安や困惑など、ささいな変化にも敏感です。それでも、何も気づかない天然ママのフリをするんです。子どもも自身が相談してきたら、「そうだったんだ！　お母さんぜんぜん気づかなかったよ」と、しれっと言ってください。そのうえで子ども自身がどうしたいかを聞き、考えるのをサポートします。どんな問題であれ、親自身の手で解決することのないようにしましょう。

遅刻などの連絡も、先回りしてやらなくていい

さんすう
3㊤
□○スイミングスクール

宿題も終わってないし
スイミングも遅刻っぽいな…
でも、遅刻の電話
するかも自分で考えて
もらおう

テンパっている子どもの様子を見れば、間に合わないのはひと目でわかる。それでも「遅れるなら電話しとこうか?」の言葉を飲み込んで、素知らぬフリ。どう対処すればいいか、子ども自身に考えさせる。

行動に注目

“できたら嬉しいこと”を一緒に考える

引っ込み思案で、行動を怖がる子もいる

不安や心配が強い子は、新たな行動にチャレンジするのが苦手です。「失敗したらどうしよう」という考えがぐるぐると巡り、行動を避けるように。これを「回避行動」といい、続けるうちに不安がさらに強まります。カウンセリングでも、「失敗したらどうしよう」という考えにアプローチしながら、苦手な行動の克服をめざします。ただ、何の準備もなく挑戦するのは怖いですよね。「なんでイヤなことさせるの！　ママひどい」と思わせてしまうかもしれません。

不安や心配傾向がある子には、まず「できたらいいな」の目標が必要です。不安や心配がなかったら何をしてみたいか、どんなふうに人づきあいを楽しみたいかなど、未来志向で聞いてみましょう。

この方法のオリジナルは、心理療法で使われる「ミラクルデイズクエスチョン」。「明日の朝、奇跡的に問題が全部解決しているとします。眠っていたあなたは、どんな違いに気づいてそれを知るでしょうか？」と問うものです。そこでの答えが、その人の目標であり、解決法です。子どもの目標を考えるのにも便利で、「どんな毎日を送りたいか」「どんな自分になりたいか」が見えてきます。

Lesson 038

1 誰を呼びたいか考える。少人数でOK
2 友だちを誘って、都合を聞く
3 どんなことがしたいか、できそうか計画
4 必要なモノがあれば、ママと買い出し
5 前日、当日のやることチェック

「できたらいいな」が明確になったら、行動を細分化し、実現しやすくする。

行動を細分化していけば、不安も小さくなる

不安や心配を克服するのに役立つ方法を、もう1つ。それは「スモールステップ」です。失敗が不安なときは、目標の大きさに圧倒されるもの。子どもの小さな脳ではなおさらです。そこでゴールまでの道筋を、簡単な行動ステップに細分化してあげるんです。すると最初の一歩を踏み出すことができ、「やればできた」という自信がつきます。そこから階段を上るように、行動を1つずつ成功させていきましょう。たとえば、はじめてのお誕生日会にチャレンジするときは、「誰を呼びたいか考える」が最初のステップ。考えるだけなので不安が小さくてすみ、ゴールのイメージも見えてきます。

片づけや勉強が苦手な子にも、スモールステップを活用して。私たち大人だって、「散らかった家全部を週末に片づける」となれば、大変さに圧倒されますよね。でも1日10分と決めて、「今日は机の上だけ」などと順に進めれば、ゴールに確実に近づきます。勉強のやりかたがわからない子も、「今日の授業でわからなかったところを書き出す」から始め、「わからなかったことを調べる」「練習問題を3問解く」と進めていけば、勉強を自分で進める力がついてきます。

行動に注目

小さなことでも、行動できたことに価値がある！

0か1かは大違い。小さな変化を認めてあげて

子どもが不安を乗り越え、新たな行動を身につけるときは、サポーターとして全力で応援を。不安や心配が強い子、完璧主義の子は、「こんなのたいしたことない」「誰だってできる」と、できたことを過小評価します。でも、0か1かでは大違い。どんな簡単なことでも、一歩踏み出して行動できたことに価値があるんです。親はその成長を心から喜び、称賛の言葉を贈りましょう。

たとえば、友だちづきあいに不安がある子。「一緒に帰ろう」と友だちに声をかけただけでも、大きな進歩です。「イヤって言われたらどうしよう」「遠回しに断られたらどうしよう」という不安を乗り越え、勇気を出して誘えたんです。結果がどうあれ、「自分から誘えたなんてすごいじゃない！」「また誘えるといいね〜」と勇気づけてあげましょう。

「そんなことしてると、ほめなきゃやらない子になるのでは」と案ずる親もいます。でも大丈夫。小さな成功体験を積み重ねるうち、できることに喜びを感じ、自分から動くようになります。「不安ならやめよっか？」などの先回りは避け、じっと見守りましょう。

Lesson 039

お手伝いは、新たな行動を身につけるだけでなく、人の役に立ち感謝されるチャンス。手放しの称賛と感謝を伝えよう。失敗しても、その結果には目をつぶって。

ほめる以外に、「ママ助かる」も効果的

何でもやってあげると子どもは成長しませんし、自己肯定感も育ちません。その理由の1つが、「人の役に立てる」感覚をもてなくなること。面倒見のいい親ほど、子どものために何でもやってあげますよね。最近はお手伝いをさせる親もずいぶん減りました。

でも、家のお手伝いをさせることは、子どもの成長に確実に役立ちます。「誰かのために行動する→感謝される→自分の役割、価値を感じられる」という貴重な経験だからです。勉強が大事だからと、勉強しかさせないなんてもったいない！　ただでさえ最近のママは、育児・家事と仕事の両立に四苦八苦しています。何もかも1人で抱え込まず、子どもにどんどん手伝ってもらいましょう。

頼みかたのコツは、急に言い出さないこと。大忙しのときに、「ほらやって」なんて急かすと、子どもも困ります。帰宅時点で、「ママ大急ぎでごはんつくるから、テーブルの上片づけといてくれる？」などと伝えておけば、確実に実行できます。手伝ってくれたときは、「すごい助かる!!　ありがとね」と心からの喜び、感謝を伝えて。新たな行動ができた喜びがますます大きくなるでしょう。

行動に注目

予想外の行動、元気すぎる行動をもっと楽しんで

子どもの行動をコントロールしようとしていない？

「えっ、まさか……」と絶句するような子どもの行動、経験したことはありませんか？　親が見ていない隙に、新居の壁一面に絵を描いていた。料理中に、脇に置いていた食材を全部食べていた。きょうだいどうしで、油性ペンで顔に落書きしていた、などなど。

「何てことしたの！」と怒ったところで、壁はきれいになりませんし、食材ももとに戻りません。油性ペンの落書きは、残念ですが、その顔で学校に行くしかなさそうです。だったらいっそ、「やってくれたね！」「傑作、傑作」と、みんなで笑って楽しみましょう。

どうしても笑いに変えられず、怒りがわくときは、何に腹を立てているのか考えてみましょう。子どもが親の期待通りに行動しないからでしょうか？　でも、子どもが自分の期待通りに動き、育つことなんてありません。コントロールしようとすれば、思うようにならずにイライラするだけです。あるいは親のコントロール欲求と怒りに押しつぶされて、自主的に動けない子になるかもしれません。どうしてもしてほしくない行動は、先に言っておけばすむこと。何も言っていなかったのなら、潔くあきらめましょう。

Lesson
040

「子どもが安全ならOK」くらいに、ゆる〜く見守る

子どもの身に危険が及ぶこと以外なら、笑って楽しもう。写真に収めて思い出にしたり、SNSにアップして皆に楽しんでもらうのもいい。

行動に注目

Iメッセージで"伝え上手"をめざす

相手を責めず、自分の気持ちと希望を伝える

社会生活をうまく営むためのスキルを「ソーシャルスキル」といいます。子どもは成長しながら、このスキルを身につけていきます。ただし個人差もあり、対人関係のスキルがなかなか身につかない子もいます。すると気に入らないことがあったとき、きつい言葉で怒りをぶつけたり、人をたたいてしまうことも。相手の思いに配慮しながら、言語化する手段がわからないためです。

このような子には、気持ちを上手に伝える方法を教えましょう。相手を主語にした「You《ユー》メッセージ」から、自分を主語にした「I《アイ》メッセージ」に変える方法です。たとえば、友だちが調子に乗ってからかってきたとき。「何だよそれ!」と怒っても、効き目はありません。相手は何がいけなかったかわからないうえ、「責められた」と感じ、言い合いになるだけです。これをIメッセージにするとどうでしょう? 「○○って言われると傷つくから、やめてほしい」と言えば、何がいけないかもわかり、受け入れられるはずです。

友だち関係で困っているときは、Iメッセージでの伝えかたを一緒に考えて。「○○してくれたら嬉しい」なども便利なフレーズです。

Lesson
041

伝えかたを変えると、人ともっとなかよくできる!

例 1

きょうだいにモノを勝手に
使われた

You《ユー》メッセージ

**私のシュシュ、なんで勝手に
使ってるの!? 返して!!**

▼
▼

I《アイ》メッセージ

**何も聞いてないとびっくりするから、
使いたいときは先に言ってね**

相手が悪いとしても、いきなり怒りをぶつけると、「いいじゃんそのくらい! ケチ!」などとケンカになる。どうしてほしいかを伝えるとうまくいく。

例 2

お友だちにイヤなことを
言われて、傷ついた

Youメッセージ

うるさいなあ。バカにすんなよ!

▼
▼

Iメッセージ

**真面目に練習してるんだから、
傷つくようなこと言わないでほしい**

無神経なことを言う子もいる。いじめなどの場合は別だが、悪意なく無邪気に言っているときは、「その言いかたは傷つく」とストレートに思いを伝えて。

行動に注目

イヤなことを上手に断れたら、ほめる

「きらわれたらどうしよう」と、悩む子は多い

気が乗らない遊びにつきあわされたり、友だちの気まぐれに振り回されたり。貸したものを返してと言えないことも、子どもの世界ではよくあること。誰だって友だちにきらわれたくないし、ギスギスするのもイヤ。だから無理してあわせてしまうんです。でも、これを続けていると、ストレスが日々蓄積します。断り下手な子には、「アサーション・トレーニング」を学ぶことが、いい解決策になります。親にも役立つ方法ですから、一緒に練習してみてください。

アサーション・トレーニングでは、人のコミュニケーションには3つのタイプがあると考えます。1つめが「非主張的な表現」。何でも相手にあわせ、従うやりかたです。ニコニコしているけれど、心のなかは不満でいっぱい。「誰も私の気持ちを考えてくれない」と腹をたてています。2つめが「攻撃的な表現」。自分の都合や考えばかり主張し、押し通すタイプです。いい人間関係が築けず、結果として孤立しがちです。そして3つめが「アサーティブな表現」。自他の違いを認めながら適切な自己主張をすることです。断り下手の子には、ぜひこの表現を身につけてもらいましょう。

アサーティブな表現 ○

**誘ってくれてありがと!!
私、乗りものが苦手で乗れないから、
遊園地以外のときにまた誘って〜**

攻撃的な表現 ×

ひどい!! 私が
乗りものダメなの、
知ってるよね!?

非主張的な表現 ×

遊園地いいね、
行きたい行きたい!

誘いを喜ぶ気持ちを表しつつ、自分の都合も伝えるのが理想。

お願いごとも上手にできたら、大きな進歩

アサーティブな表現のコツは、相手の言葉に「いいね」をしつつ、自分の都合や思いもきちんと伝えること。どちらかだけが正しいと考えず、「私もOK、あなたもOK」の精神で、互いの気持ちを尊重します。気が乗らない遊びであれば、まず「誘ってくれて嬉しい。ありがとう」の言葉で、相手の気持ちを尊重して。そのあとで、「私はその遊びが苦手だから、また別のときに誘ってくれたら嬉しい」と伝えます。貸したものを返してほしいときも、「貸してあげたい気持ちはあるんだけど、私も使わなきゃいけないんだ。◯◯だったら貸せるけどどう?」と、相手に配慮しながら事情を伝えるといいでしょう。実際に言葉にすることができたら、「ちゃんと自分の思いを言えたね。すごい!」と、たくさんほめてあげてください。

自己主張が苦手な子にとって、さらにむずかしいのが人へのお願いごとです。「迷惑がられるんじゃないか」と考えて、してほしいことをなかなか切り出せません。不安なら、まずは家庭内で練習を。親にやってほしいことを自分から言う練習です。言葉にできたときは、「よくお願いできたね」と、笑顔で答えてあげましょう。

行動に注目

攻撃的な行動のときは、口を出さずに見守る

自分の気持ちを、うまく言葉にできない日もある

現代人は、人が強い感情をあらわにすることに不慣れです。学校でも「みんななかよく笑顔で」がモットー。友だちとのケンカも経験せず成長し、大人になって、突然心が折れる子もいます。「現代の思春期は35歳まで」といわれるのも、ある意味納得です。

そんななか、子どもが突然キレ始めたら？「どうした？」と声をかけて、「うるせえ」なんて言われたらどうでしょう。親だって、強い感情には慣れていません。考えただけで胸がドキドキしてきますね。子どもの気持ちをなだめるために、機嫌をとる言葉をかける親もいるでしょう。

でも、強い感情は永遠には続きません。人の心のエネルギーには限界があります。どこかで疲れたり、自分でもイヤになったりして、トーンダウンしてくるはず。すぐになだめようとせず、感情の爆発が鎮まるのを待ちましょう。落ち着いたらもう一度、「どうした？何かあった」と声をかけて。そこで思いを話さない子も当然います。「あなたのことを理解したいから、いつでも話してね」のメッセージとともに、見守る姿勢をもち続けてください。

Lesson
043

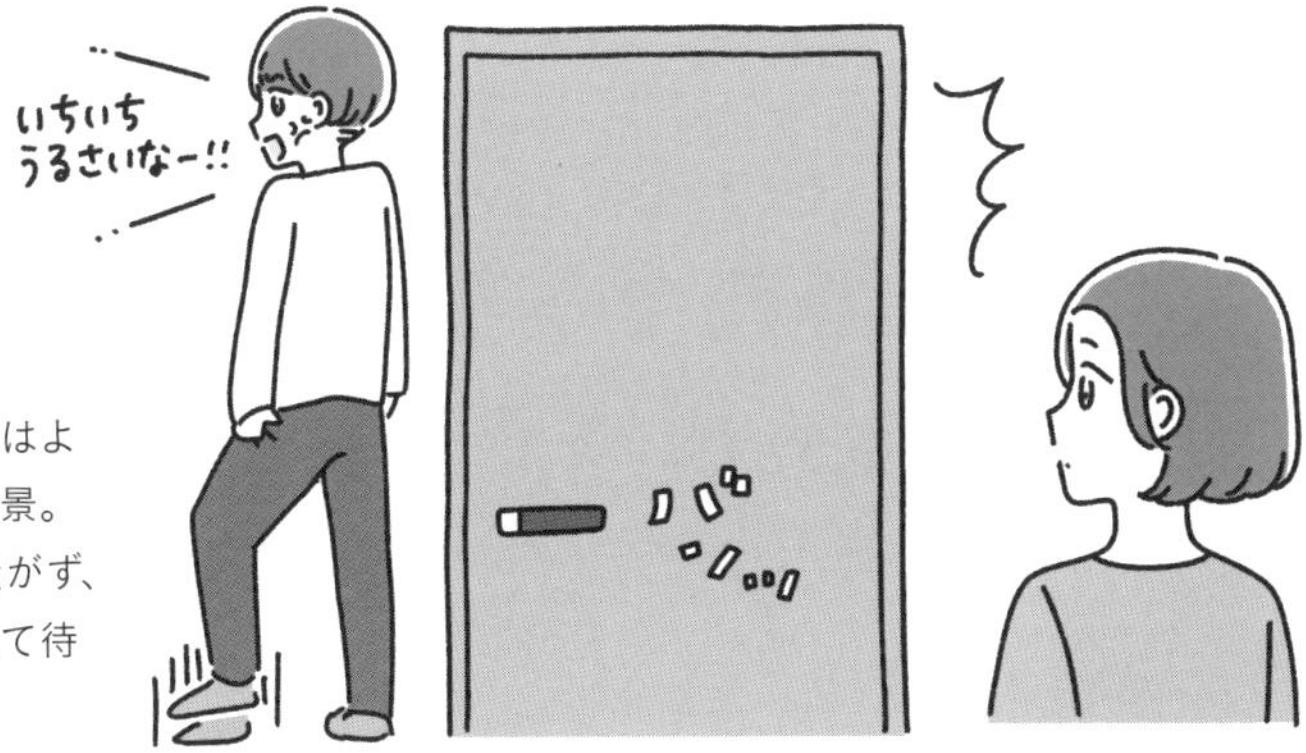

思春期にはよくある光景。慌てず騒がず、腰を据えて待とう。

怒鳴り返しても、子どもの成長にはつながらない

感情のトーンダウンを待つのには、2つの理由があります。1つは、その状況で何を言っても心に届かないから。何も耳に入らず、よけいな刺激となるだけです。昔の親なら怒鳴って黙らせたかもしれませんが……それはその場しのぎの解決にすぎません。感情を否定される体験にもなってしまいます。

もう1つは、感情の葛藤を経験し、乗り越えさせるため。思うようにならないことは人生で山ほどあります。キレても泣いても、誰も対処してくれません。だからこそ、いまから自分で悩み、苦しみ、葛藤する体験が必要なんです。これを何度も乗り越えるうちに、本物の自信がついてきます。「いいところもダメなところもあるけど、自分ならきっと乗り越えられる」と、自分を信じることができます。

なかには強い怒りでなく、不機嫌さをあらわにする子もいます。「どうした?」と聞いても、ツンツン顔で「別に」と答えるタイプ。こんなときは、立ち入りすぎない姿勢が大事です。「そっか。なんかちょっと心配になったから声かけてみちゃった」とだけ話し、身を引きましょう。自分で解決し、話せるようになるのを静かに待ちます。

行動に注目

スマホを持たせるなら、最初にルールづくりを

スマホにコントロールされるのは、危険！

小中学生3920人を対象とした調査では、スマホを持つ小学生は全体の33％。キッズケータイなどの携帯電話とあわせると、50％に及びます。中学生では67％がスマホを持ち、携帯電話とあわせた所持率は74％に（ニフティキッズ、2023）。低年齢化が年々進み、なかには就学前から自分専用のスマホ、携帯を持つ子も。学校のタブレット配付も進むいま、避けられない流れといえるでしょう。

どの年齢で持たせるかは、親の考えをはっきり伝えたうえで、子どもと話し合って決めてください。問題は、持たせる場合の使いかた。前述の調査でも、「家の人と決めたルールがある」と答えた子は68％に留まっています。大人ですらスマホ依存が問題となるのですから、成長期の子どもには大問題。好きに使わせていると、利用料金の問題だけでなく、心身の成長に悪影響を及ぼします。夜中までゲームをしていて学校に行けなくなり、やがて不登校にという事態も、簡単に起こりえるんです。

持たせる場合は、スマホにコントロールされるのではなく、自分がコントロールできるよう、最初にルールを決めましょう。

Lesson
044

えー
1時間半までって
決めたよね？
もう過ぎたから
預かるよ

「えー」と言われても、決めたルールをちゃんと守らせて。

ルールが現実的でないときは、そのつど話し合う

ルールは家庭の方針によりますが、使用時間の制限は大事です。1日1時間と決めたら、それ以上は親が預かるなどして、ズルズル使い続けることのないようにします。「夜は21時まで」などの終了時間も決め、睡眠に影響しないように。脳の神経細胞も、全身の骨や臓器なども、寝ているあいだに成長します。大人以上に睡眠が大事であることを忘れないでください。

ほかには、「知らない人とやりとりしない」などのルールも考えられます。100％止められるものではありませんが、〝知らない大人と外で会っていた〟といった事態は避けたいところです。

ただしスマホや携帯は、友だちとの大事なコミュニケーションツールです。成長とともに重要性が増し、親の干渉もいやがるようになるもの。「2時間は使いたい」などの要望も出てくるでしょう。そんなときは家族会議で話し合いを。「みんな自由に使ってるもん！」などの言い分をすべて聞くことはありません。なぜ1時間以内にしてほしいかなど、親側の考えもきちんと伝えたうえで、必要ならルールを変えるようにします。

行動に注目

習いごとは無理強いしない。イヤならやめていい

その習いごとは子どものため？　親のため？

習いごとに塾にと、現代っ子は大忙し。小学生の78・7％、中学生の69・3％が習いごとをしているという報告もあります（学研教育総合研究所、2020）。就学前に始める子が最多で、「早くからいい刺激を」「将来に役立つ」という親の期待がうかがえます。

ただ、早期教育をすれば、必ず才能が開花するわけではありません。人より高い結果を出すことや、将来のスキル育成を前提にすると、つらくなる子もいます。やらせてみて、本人も頑張って、それでもできないことはあるもの。現実的ではない高い期待をかけすぎないようにしたいところです。とくに自分が習っておきたかったことを、子どもに習わせている人は要注意。子ども自身が望んでいるか、親のための習いごとになっていないかを考えてみてください。

習いごとで大切なのは、〝新たなことができるようになる楽しさ〟〝新たなことを知るワクワク感〟です。少しの進歩でもたくさんほめて、楽しくとり組めるようサポートしましょう。うちの小2の長男も、バスケットボールのクラブに入ったばかり。年齢にあわせて無理なく教えてくれるので、おおいに楽しんでいます。

Lesson
045

行きたくない理由を聞かせてくれる？
…レッスン自体は楽しいんだ
でも新しく入ってきた子たちが…

やめたい理由を聞くと、別の問題が見えてくることも。

「やめ癖がつく」は誤解。あわないなら無理しない

とはいえ、子どもの興味・関心は日々移り変わります。「もういい、やめる」と言い出すこともあるでしょう。こんなとき心配なのが、「やめ癖がつくんじゃないか」ということ。1つのことをやり遂げる意味や価値を実感してほしいという思いが、親にはあります。

でも習いごとは、楽しさや喜びを感じられてこそ価値があります。それにこの先の人生は、イヤでも続けなくてはならないことだらけ。根気よく続けることを学ぶチャンスは、まだまだあります。

大切なのは、続けたいかやめたいかを本人によく考えさせ、葛藤を乗り越えさせること。やめると言い出したときは、習いごとを始めたときのことを思い出し、「どうしてやりたいと思ったのか」を考えさせて。これまで達成できたことを振り返るのもいいでしょう。

結論として、「やる意味はあったと思うけど、もうやりたくない」「やってみて、あわないとわかった」というのなら、それでOK。「お金かかったのに」といった親の事情は脇に置き、潔くやめさせて。「習いごとは好きだけど、苦手な子がいる」などの悩みがあるなら、それについて話し合い、解決策を一緒に探ってみてください。

身体に注目

身体の症状が、最初に出てくることもある

ストレスに気づき、言葉にする力が未発達

気持ちと身体は密接につながっています。たとえば不安を感じたとき、心臓がバクバクしたり、呼吸がいつもより速くなったり。これは大人にも見られる一時的な変化で、気持ちが落ち着くと、身体も自然とリラックスします。

でも慢性的なストレスがあると、この状態が続くことに。とくに子どもはストレスへの対処に不慣れです。気持ちを言葉にする力も未発達。大人以上に、心のつらさが身体に出てくる傾向があります。

よく見られるのは、「おなかが痛い」「頭が痛い」などの痛みの症状。めまい、ふらつきなどの神経系の症状や、吐き気などの胃腸症状として現れる子もいます。不安感が強い子ではとくに、息苦しさなどの心肺《しんぱい》症状（心臓と肺の症状）も見られます。

一度の訴えでは、胃腸炎の症状かストレス症状かの判断もつきません。変だなと思ったら、まずは受診して検査を受けてみて。身体に異常がなく、同じ状況で同じ症状が何度も出るようなら、ストレスの可能性が濃厚です。子どもの思いを聞くとともに、スクールカウンセラーの力も借りて、何が起きているか考えていきましょう。

Lesson
046

身体症状はおもに4つ。SOSの可能性も

以下の4つの症状がとくに多い（Williams SE& Zahka NE, 2017）。一時的な症状で終わることも多いが、続くようなら放置しないで。

心肺《しんぱい》の症状

- 心拍数の変化（胸がドキドキするなど）
- 息苦しい感じがする
- 意識が遠のく

など

痛みの症状

- 頭痛
- 腹痛
- 背中や腰の痛み
- 関節痛

など

胃腸の症状

- 嘔吐《おうと》
- 吐き気
- 腹痛
- 下痢
- 便秘
- おなかがはる

など

神経系の症状

- めまい
- ふらつき
- 感覚の過敏や消失

など

誰にでも起こりえる症状。「心がつらい」のサインでもある

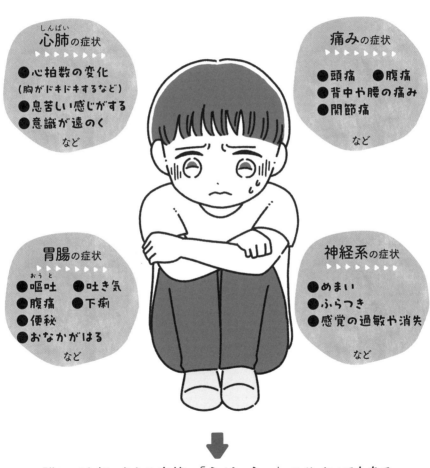

身体に注目

毎朝、同じ時間に起きる習慣をつける

生活リズムが乱れると、身体の症状も出やすい

身体のコンディションを整えると、気分も整います。とくに重要なのが睡眠習慣です。CDC（米国疾病予防管理センター）によると、学童に必要な睡眠時間は10〜11時間。日本の小学生は平均1時間以上不足しています。睡眠時間が短い子ほど、脳の学習機能や判断能力などが低下し、成績が悪いこともわかっています。

睡眠‐覚醒リズムが後ろにずれていないかも重要です。大人の夜更かし化とともに、子どもの就寝時刻も昔より後ろにずれています。中学生を対象とした調査では、就寝時刻が後退している子ほど、「日中の居眠り」「イライラ」「抑うつ」「不安」の程度が強いという結果でした（Fukuda K&Ishihara K, 2004）。身体の不調も出やすく、頭痛やだるさに悩まされがちです。こうした症状から、ますます何もやる気がせず、イライラやゆううつなどが強まることに。

テレビやPC、スマホの光を浴びると眠りにつきにくくなるので、1時間前までには電源を切りましょう。朝はすぐにカーテンを開け、光をたっぷり浴びるようにします。日中の運動で身体を疲れさせることも、睡眠‐覚醒リズムの維持に役立ちます。

Lesson
047

子どもがぐずっても、とにかく一度起こして。朝食も普段通りに食べさせると、身体が覚醒リズムに入る。

長期休みでも、夜更かし習慣は避けて

睡眠‐覚醒リズムが乱れやすいのは、夏休みなどの長期休暇です。「もうちょっとだけ寝たい」「たまには夜更かししたい」という気持ちもよーくわかります。しかし睡眠‐覚醒リズムは、日によって都合よく変えられず、一度後ろにずれると簡単には戻りません。休み明けの登校がつらくなったら、子どもも親も困りますよね。夜更かししたとしても、翌朝は普段通り起床させましょう。

日本では小学生の過半数が、大人と寝室をともにしています。そのため親の睡眠習慣も、子どもにダイレクトに影響。自身の健康のためにも、早めの就寝を習慣化したいものです。別々の部屋で寝ている場合は、時間になったら寝室に行かせてください。

なお、「何歳まで一緒に寝ていいの？」と聞かれることもあります。〝欧米では幼児期から1人で寝かせる〟などと聞くと、自立への影響が心配になるのでしょう。私の考えでは、どっちでも大丈夫。年齢とともに自立心が芽生えれば、「1人で寝る」と言い出します。「一緒に寝るから自立しない」ではなく、「自立できないから、いまはまだ一緒に寝たいんだ」と温かく見守ってください。

身体に注目

登校前の「おなか痛い」はどうすればいい？

腹痛はよくあるサイン。深刻ともかぎらない

身体の変化としてとてもよく見られるのが、登校前の「おなか痛い」。ネットでは、「ポンポンペイン（ポンペ）」なんてよばれています。

原因はさまざまですし、それだけで慌てることはありません。心の問題と決めつける前に、ほかの要因も考えて。子どもの胃腸炎は、小児科でいちばん多いといってもいいくらいメジャーな病気です。

多くはウイルス感染による胃腸炎で、かかりつけ医を受診し、水と電解質を補給して安静にしていれば落ち着きます。ほかの病気が疑われるなら検査も必要。あきらかに痛がっていて、顔色も悪い、冷や汗が出ているといった場合は、すぐ病院に行きましょう。「学校がつらいのかな」と心の問題を考えるのは、そのあとです。

ストレスだとしても、多くは一過性のものです。いま抱えている悩みが解決すればたいていは落ち着きますし、「今日は学校行きたくないな」「ちょっと休みたいな」程度のこともよくあります。

ただ、ここで悩ましいのが現代の育児事情。現代の家庭は多くが共働きです。子どもが落ち着くまで一緒にいて、様子を見てあげる余裕もないのが現実ではないでしょうか。

頭ごなしに「いいから行きなさい」と言わず、現実的な提案をしたうえで決めると、信頼関係を保てる。

普段通りに出勤し、帰宅後に話を聞こう

親も出勤しないといけない時間になったら、「ママはもう出ないといけないけど、どうする?」と尋ねてみましょう。このとき応急処置的な対処をすると、子どもも少し安心します。「おなかをあっためるのが効く気がするから、カイロ持ってこようか」「今日はそれで行ってみる?」などと提案します。

それでも無理そうと言うときは、「じゃあどうする? 休む?」と本人に判断させます。「休む」とはっきり言えたら、「わかった。よく言えたね」と受け止め、本人が決めた行動を尊重してください。

そのうえで、帰宅してからゆっくり話をします。朝より落ち着いているなら、「今朝、おなか痛いって言ってたけど、なんか行きたくない理由があった?」と、理由も率直に聞いてみて。素直に話してくれて、「明日は大丈夫そう」と言うなら、それでOK。答えに逡《しゅん》巡《じゅん》していたり、「いまは言いたくない」という子には、もう少し思いを聞いて。「言わないとママにはわからないから、明日は学校行きなさいって言うよ。それでもいいかな?」という具合です。これが互いの気持ちと事情を尊重した、現実的な対処法だと思います。

きょうだいによって、かかわりが違うのは当然

「平等にしなくちゃ」と考えすぎていない？

　子どものころ、きょうだいで不公平な扱いを受けたと感じている人も多いのでは？　その経験から、「きょうだいにつねに平等に接しないと」と考える人もいるでしょう。

　考えかたとしては間違っていません。でも、完全な平等はまず無理です。どの子もそれぞれに違うキャラクター、違う思いをもっています。寂しがりか独立心旺盛かなどによって、一緒に過ごす時間の長さも変わるでしょう。「同じ」にとらわれすぎると、1人1人にあったかかわりかたができなくなります。

目の前にいる子をいちばんに考えてあげる

　子どものキャラクターによって、「上の子のほうが気があう」「末っ子がいちばんかわいい」など、親の感情もおのずと変わります。その違いに罪悪感を抱く親の相談を受けることもあります。

　でも安心して。特定の子をかわいいと思うのは悪いことではありません。友人間で生じるような自然な感情、相性と受け止めてください。そのうえで、特定の子に寂しい思いをさせない配慮をします。一緒にいるときに特別感を出したり、スキンシップをとって、「あなたがいちばん大切」と伝え続けましょう。

PART 3

とっさのセルフケアで、心を整える

子どもも親も、気持ちの扱い上手になる!

友だちに怒ってしまったり、不安で一歩踏み出せなかったり。
とっさに使えるセルフケアを身につけておくと、
さまざまな場面で役立ちます。
親も一緒に学んでおくと、
ゆとりをもって子どもと接することができます。

「イラ美ちゃん」など、気持ちに名前をつけてみる

気持ちをキャラクター化して、距離を置く

「もうヤダ！　イライラする」「これはへこむわ〜」という瞬間は、子どもにも親にも日常的にやってきます。とっさの感情に対処するセルフケア方法を、親子で身につけておきましょう。

その1つが、気持ちを擬人化して、キャラとして名前をつけること。イライラするなら「イラ美」、怒りが止まらないなら「ムカムカちゃん」などなど。楽しみながらアイディアを出し、「これだ」と思えるものを見つけます。好きなアニメや絵本のなかで、しょっちゅうイライラしている子、怒っている子がいたら、そのキャラクターの名前をつけてもいいでしょう。イメージがくっきりわいてきます。

絵が好きな子には、気持ちを絵で表してもらうのもいいですね。それを見ながら、「この子の名前は？」と設定を考えます。プロフィールを考えると、キャラとしての魅力もアップ。

その気持ちがわき上がってきたら、「出た、イラ美だ！」と考えるだけで、気持ちに巻き込まれるのを防げます。擬人化には、距離を置いて客観視する効果があるんです。その結果、「また失敗した」「私はダメだ」という考えも浮かびにくくなります。

Lesson
049

自分から「私怒ってるんだけど！」とは言いにくいが、こんなふうに指摘すると、軽く話せる。

「またあいつか」と思って、手なずけてしまおう

この名前を共有していると、「もしかしてイラ美出てきた？」などと、子どもの感情をさりげなく指摘できます。「何怒ってるの」「気に入らないことでもあった？」と聞かれるより、子どもも話しやすいでしょう。もちろん、親のイライラや怒り、落ち込みにも効果的。「ママ、なんかイラ美出てるけど」と指摘してもらいましょう。自分が怖い顔になっていると気づき、「いけない、いけない」と、落ち着いた気分をとり戻せます。

親子で楽しく指摘しあえば、なごやかな雰囲気で気持ちと向き合うことができます。イライラを悪いものと捉えず、一緒にお世話するイメージで扱えるといいですね。

気持ちの強さに気づくためにも役立ちます。「イラ美はどのくらい荒れてるのー？」と尋ねれば、まだ軽いイライラなのか、爆発寸前かなどを客観的に考えられるでしょう。自分のなかに渦巻くイライラではなく、脳内にフッと出てきたものとして眺められるはず。「このぐらい！」などと絵に描いてもらうと、クスクス笑いながら評価でき、そうするうちに気持ちも落ち着いてきます。

「ちょっとタイム」でその場を離れる

怒りに気づいたら、とりあえず点数をつける

年齢が少し上がってくると、気持ちのキャラ化を「子どもっぽい」と感じる子もいるかもしれませんね。そんな子には、100点中何点かで気持ちの強さを評価してもらいます。50点未満くらいなら、深呼吸したり、筋肉をゆるめるテクニックで気持ちを落ち着けられることも。P130〜の方法で対処します。座ったままでできるので、学校でイヤなことがあったときにも役立ちます。

ただ、80点以上になると、気持ちが容易に収まりません。とくに怒りの感情は、火山が噴火して溶岩があふれ出すように、一気に爆発することも。強い口調で誰かに何か言ったり、たたいたりするのを防ぐには、「ちょっとタイム」でその場を離れるのが効果的です。怒りのもとが目に入らなくなると、気持ちが少し落ち着きます。

別の場所に行ってから、冷たい水を一杯飲むのもおすすめです。交感神経を落ち着かせ、怒りをトーンダウンできます。強炭酸水が効くという子もいて、家庭でも常備しているほど。

これらの方法で気持ちを落ち着けられたら、「そんなに怒らなくてすんだね」「うまくできたね」と、声をかけてあげましょう。

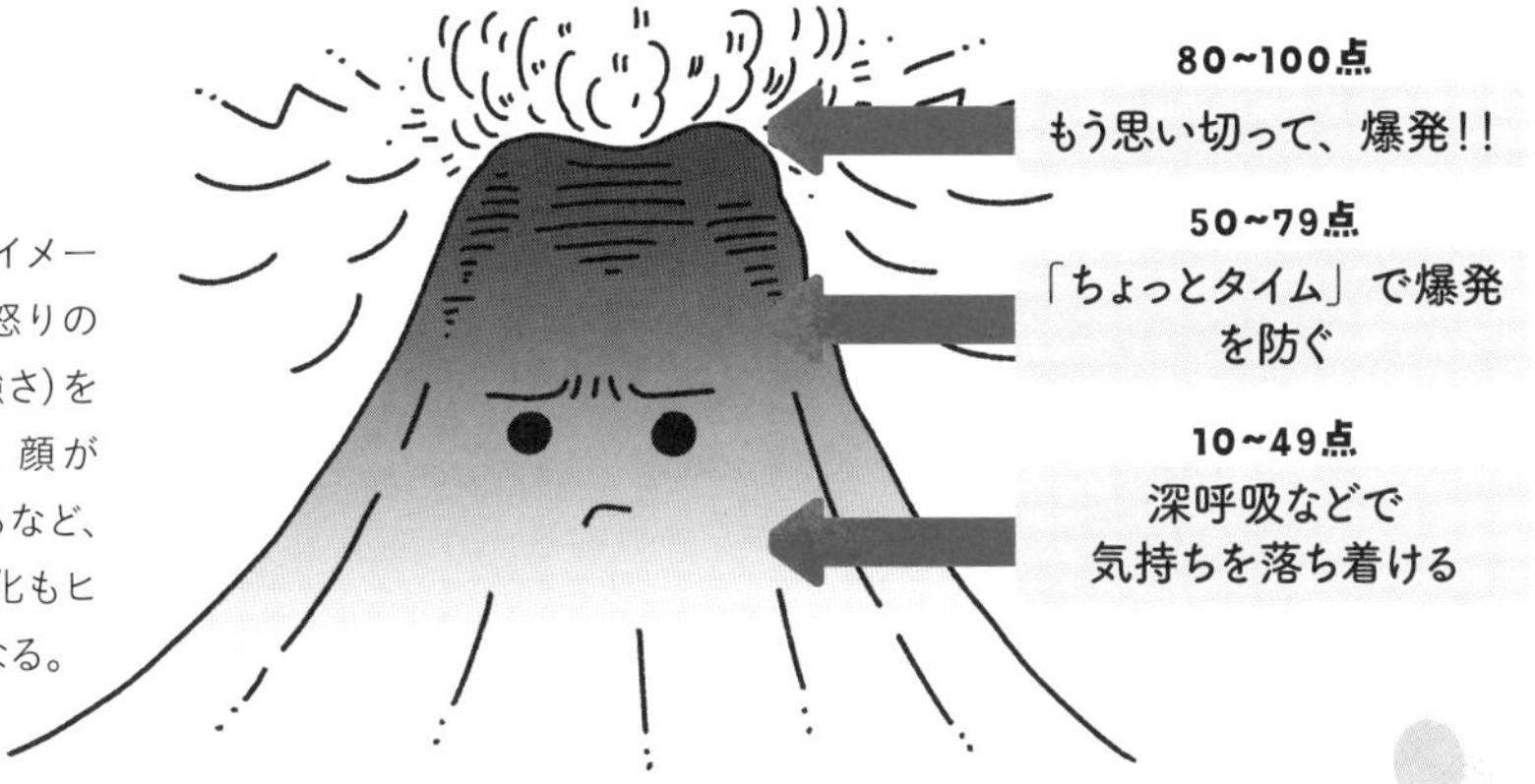
80~100点
もう思い切って、爆発!!
50~79点
「ちょっとタイム」で爆発を防ぐ
10~49点
深呼吸などで気持ちを落ち着ける

火山のイメージで、怒りの温度(強さ)を測ろう。顔が熱くなるなど、体の変化もヒントになる。

ときには爆発もあり。手出しせず見守って

「ちょっとタイム」も間に合わず、爆発することももちろんあります。怒りの強さを測る余裕すら失っているときは、しかたのないこと。親に暴言を吐いたり、わーっと向かってきたとしても、落ち着かせるのは無理です。「なんか言いたいんだな」「抑えられないんだな」と受け止め、感情に巻き込まれないようにします。それでも、絶対にやってはいけないことだけはわかってるはずと、子どもを信じてあげて。やがては、早めに怒りに対処する方法を学びます。

ときにはきょうだいや友だちに爆発することもあります。これもいい練習。怒りに任せて人を傷つけたとき、「さっきはごめん」と素直に言うことも、子どもが学ぶべき大切なスキルです。「ケンカは絶対ダメ」「我慢しなさい」と言って止める必要はありません。

親の爆発も同じです。子どもが自分の手に余る言動をしたときなど、爆発することもあるでしょう。こんなときは、最低限の理性と加減を。怒りに任せて子どもをたたく、「産まなきゃよかった」などと言うのだけは避けて。「もうもう、ほんとに耐えられない」「いい加減にして」くらいの言い換えなら、ギリギリセーフです。

バタフライ・タッチで心を落ち着ける

ふれることで、幸せホルモンや愛情ホルモンが出る

ささいな心配が、大きな不安に変わった経験はありませんか？　不安は頭のなかで生み出され、どんどん大きくなるもの。そのため何の根拠もないのに、不安な思いでつらくなることがあります。

こんなときは自分の身体をいたわるようにやさしくふれると、安心感が得られ、心身がリラックスします。これが「バタフライ・タッチ」の手法です。両手を胸の前でクロスさせ、左右の胸から肩のあたりをやさしくトントンたたくだけ（左上の図参照）。2分ほどで気分が落ち着いてくるはずです。

つらいとき、大事な人にやさしくふれられると、それだけで安心しますね。タッチングにはさまざまな効果があり、じつは自分でふれても効果があるんです。心の興奮を鎮める副交感神経が活性化し、脳内のα《アルファ》波も増加。心を安定させる神経伝達物質「セロトニン」、愛情ホルモンの名で知られる「オキシトシン」も分泌されます。

左右交互にたたくのも、バタフライ・タッチの大事な部分。左右交互に脳への感覚刺激を与える方法は、ＰＴＳＤ（心的外傷後ストレス障害）への心理療法でも使われています。

どちらかが不安なときは、「大丈夫だよ」の気持ちとともに、一緒にやってもいい。

自分にやさしいまなざしを向け、やさしくふれる

この方法はカウンセリングでも効果を発揮しています。たとえば子どものころから虐待を受け、PTSDのようなつらい症状が出ていた女性。日常生活でものどもとに違和感があったり、息が吸いにくくなったり、気分が悪くなることがありました。その女性が気に入って使っているのがこの方法なんです。くり返して効果を実感するうちに、「この方法で対処すれば大丈夫」というおまじない的な効果も現れ、日常を落ち着いて過ごせるようになりつつあります。

似た方法として、生まれたばかりの赤ちゃんや好きな人にふれるイメージで、自分にやさしくふれる「ジェントル・タッチ」も効果的。不安や緊張を感じるとたいてい、体のどこかに違和感が生じます。私の場合は首の後ろ。研修会などで人前で話すときにも、胸のドキドキとともに、首の後ろにこわばった感じが出てきます。こんなときは首の後ろに手をあて、手のひらでやさしくなでます。「不安があるよね、わかるよ」と、自分で自分にやさしいまなざしを向け、頭のなかで語りかけながらふれるのがコツです。もちろん子どもに直接やってあげても、効果が得られます。

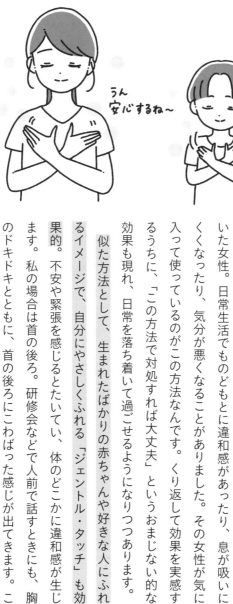

「すって～はいて～」を10秒ずつくり返す

試験や発表会など、プレッシャーを感じるときにも

不安や緊張にすぐ効く方法として、深呼吸も覚えておきましょう。不安や緊張が強いときには、呼吸が自然と浅くなり、息を吐く時間が短くなりがち。体内の酸素が過剰になり、胸のドキドキ（動悸）や冷や汗などの症状が出ることも。深呼吸法でゆっくり息を吐くと、酸素と二酸化炭素のバランスを正常にし、ドキドキを鎮められます。自律神経のバランスを整える働きもあります。学校や電車など、人が多い場所でも、あまり気づかれずにできるのもメリットです。

方法は簡単。椅子に深く座って背すじを伸ばし、姿勢を安定させます。３秒間かけて息を吸い、「４」で軽く止め、６秒間かけて息を吐き出します（左図参照）。

このようなリラクゼーション目的の呼吸法のほか、〝いま、ここ〟に注意を向ける「マインドフルネス呼吸法」もおすすめです。体の外側に対して意識が向きすぎると、目の前の相手にムカムカしたり、よけいな考えに気をとられるもの。こんな心あらずの状態に気づいたら、呼吸に注意を向けて、息を３秒間吸い、３秒間吐くことをくり返してください。不安や怒りが徐々に落ち着いてきます。

Lesson
052

リラクゼーション呼吸法で、心身をゆるめる

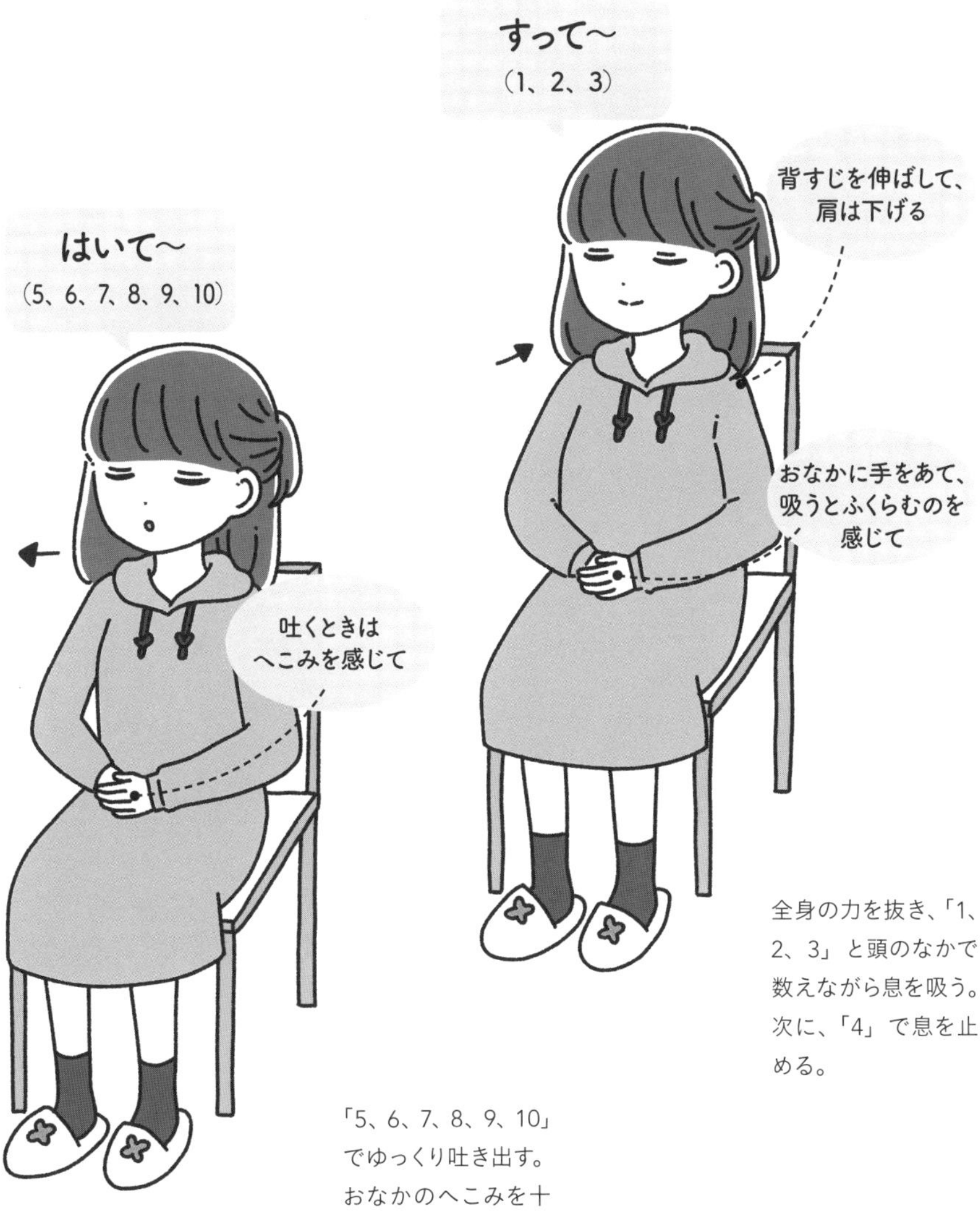

全身の力を抜き、「1、2、3」と頭のなかで数えながら息を吸う。次に、「4」で息を止める。

「5、6、7、8、9、10」でゆっくり吐き出す。おなかのへこみを十分に感じて。

〝ギュッとしてゆるっ〟で肩まわりをリラックス

身体がリラックスすると、心もリラックスする

心と身体は密接につながっています。ストレスを感じると身体に力が入り、不安や緊張、イライラが強くなることも。そこで全身の力を抜く「ギュッとしてゆるっ」も覚えておきましょう。専門的には「漸進的筋弛緩法《ぜんしんてききんしかんほう》」とよばれるリラクゼーション法です。

漸進的筋弛緩法では、頭からつま先まで1か所ずつ、筋肉のこわばりをといていきます。でも、全部やると10分くらいかかるうえ、子どもには覚えきれないかもしれません。不安や緊張でこわばりやすいのは首から肩のあたりなので、そこだけ試してみましょう。

まずは椅子に深く座り、足の裏全体がしっかり床についているのを感じます。ストレスを感じていると、自分がなんだか薄くなったような、現実感が低下したような感じになることも。その意味でも、地面や床を踏みしめる意識、感覚が大切です。そのうえで、背すじを伸ばして深呼吸。Ｐ１３０の要領でおこないます。次に首と肩に思い切り力を入れて、肩をぐっと上げてみて。筋肉がこわばっているのを感じられたら、一気に肩を下ろし、首と肩の力を抜きます。最後に首をゆっくり回し、筋肉をゆるめたら終了です。

Lesson
053

子どもはもちろん、親のストレス軽減にも！

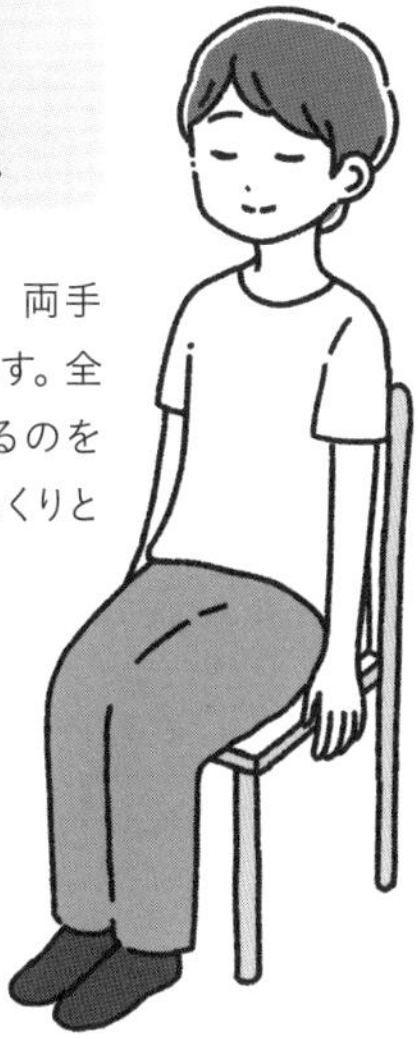

1

まずは深呼吸

椅子に深く座り、両手はだらーんと下ろす。全身がゆるんでいるのを感じながら、ゆっくりと深呼吸。

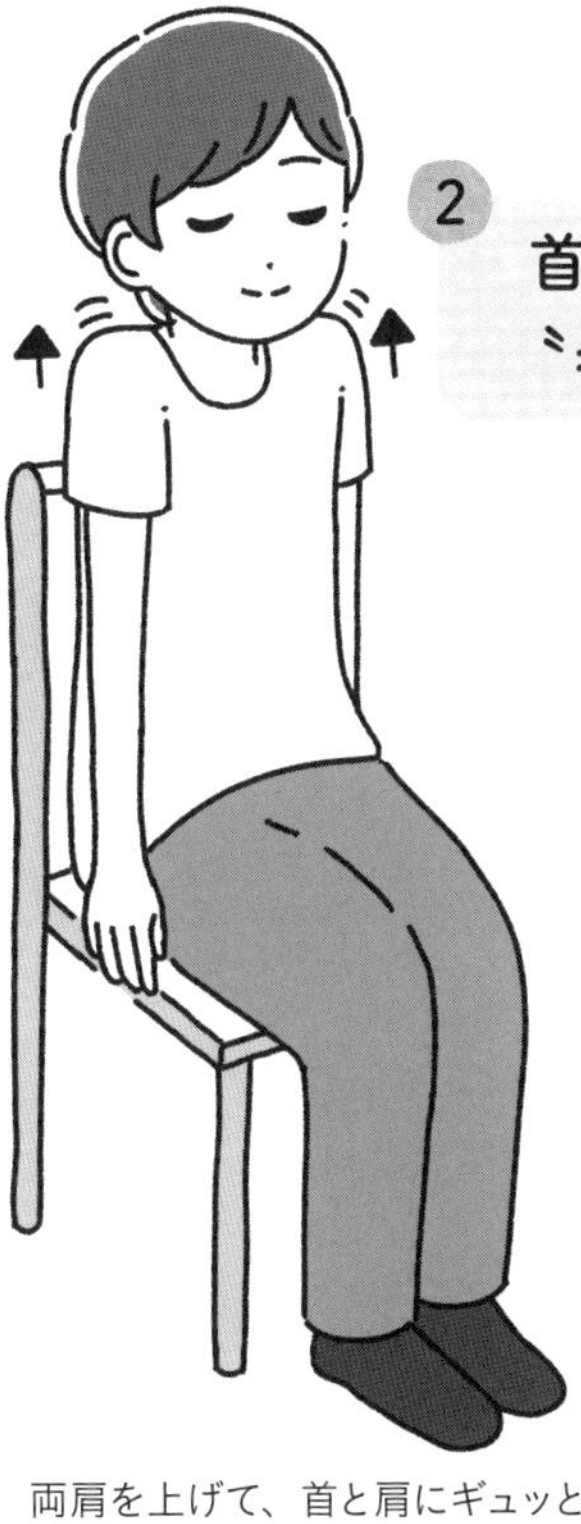

2

首と肩を〝ギュッ〟

両肩を上げて、首と肩にギュッと力を入れる。筋肉に力が入り、縮こまっているのを感じて。

3

首を回して〝ゆるっ〟

肩の力を抜いて、肩を下ろす。次に首をゆっくりと回し、反対側にも回す。そしてもう一度深呼吸。

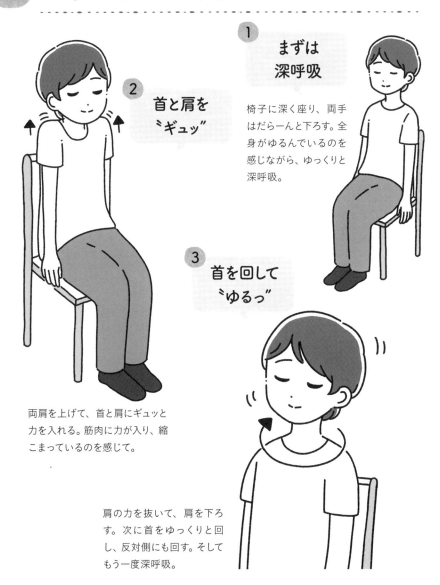

身体のこわばりや痛みをふーっと外に出す

子どもも大人も、身体の感覚には意外と無自覚

身体の感覚に目を向けることは、日常的なリラクゼーション法としても大事です。代表的なのが「ボディスキャン」。子育てに仕事に、毎日忙しく走り回る親にも、ぜひ習慣にしてほしいと思います。

椅子に座っても、寝たままでもかまいません。目をつぶって全身の感覚に注意を向けます。身体の声を聞くイメージです。痛みやこわばりのある部分に気づいたら、そこに注意を向け、頭のなかで空気の抜け穴をつくりましょう。そして鼻からゆっくりと息を吸い、イメージ上の穴から「ふーっ」と息を吐き出します。吐く息とともに、痛みやこわばりが外に出ていく感覚を味わってください。

子どもにも、カウンセリングルームでよくおこなっています。目をつぶってもらい、「痛いなとか、力入ってるなっていう場所はあるかな」などと語りかけながら進めると、子どもも無理なくできます。目を開けると、「なんか気持ちよかった〜」と言う子がほとんど。

身体の状態を感じにくい子には、肩や首など、力が入りやすい場所にやさしくふれてみて。「そこ気持ちいいかも」などの反応があれば、そこに意識を向けてもらい、痛みやこわばりを外に出します。

Lesson
054

身体に“気づき”を向けるのが、最初のステップ

子どもがはじめておこなうときは、親が誘導の言葉をかけても。「返事はしなくていいよ」と伝えておこなう。

1 ボディスキャン

頭のてっぺんから
おでこに
注意を向けて〜

痛いとか、
力が入ってるとか
ないかな？

顔とか目の奥、
口の奥はどう？

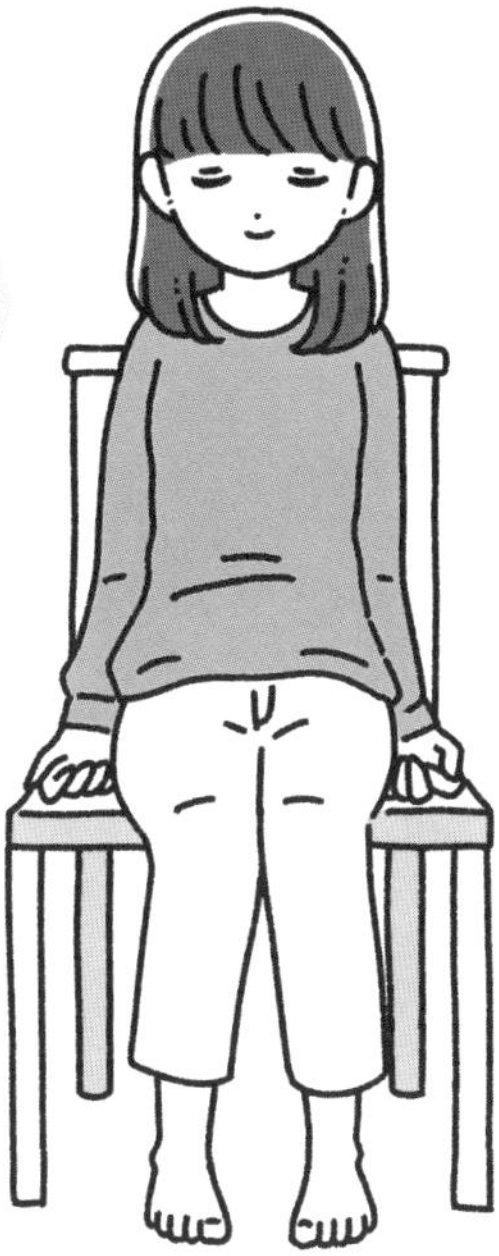

深く座って目をつぶり、足がしっかり床についている安定感を感じてもらう。頭から順に、「ここに注意を向けて〜」と誘導。

2 痛みや力みを外に出す

首に力が入ってる
なら、そこに
空気穴つくろうか

そこから痛みや力み
を出すイメージで、

息をふーっと吐いて
みて〜

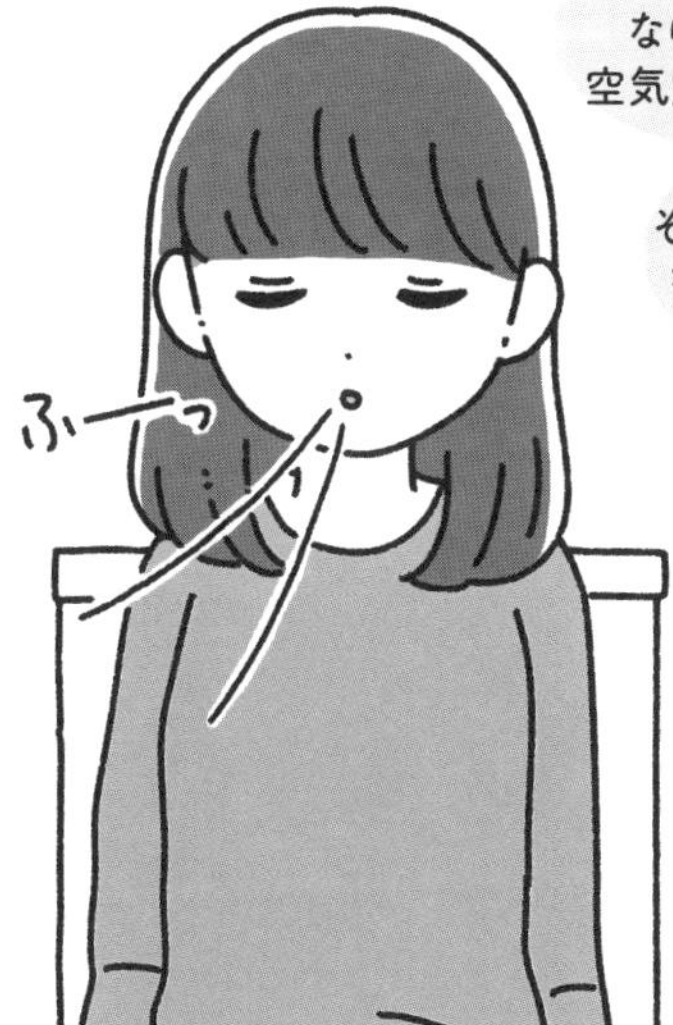

痛みやこわばりのある部分が見つかったら、イメージ上の空気穴をつくり、「ふーっと吐いてみて〜」と誘導する。

「わざとじゃないかも」と、別の視点で考える

イヤなことをされると、「わざと！」と感じる子も

子どものうちは、友だちやきょうだいとのあいだでイヤなことがあると、「絶対わざとだ！」と思い込むことがあります。ムカムカと怒りがわき、相手を傷つけることを言ってしまう子も。

これを専門用語で「敵意帰属バイアス」といいます。何が原因と考えるかが「帰属」で、その偏りが「バイアス」。人の行動の原因を、敵意のせいと考えてしまうことです。子どもはまだ視野がせまく、人間関係の経験値も少ないですよね。そのため相手が考えていることを想像しにくく、間違って決めつけてしまうんです。

じつはこのバイアスにも、自己肯定感が関係しています。「自分は人より劣っている」「誰も味方してくれない」「人は自分に意地悪をする」という感覚が根底にあると、わざとと思い込みやすいんです。

このモードに入ったとき、「○○くんはわざとやったんじゃないよ」「どうしていつも、〝わざと〟って思うの」と諭《さと》しても逆効果。「ママも敵だ」「誰も味方してくれない」と感じてしまいます。「敵だから戦わなくちゃ！」というスイッチが入り、親に対しても敵対的な態度をとったり、ひねくれて心を閉ざしてしまいかねません。

ぜったい
わざとっ!!
いっつも
あの子ばっかり…
ずるいよ
うん
うん

「自分ばかり損をしてる」などと日ごろから感じているのかも。まずは気持ちを聞いてあげて。

まずは話を聞いて、安心感を与えてあげて

まずは気持ちを聞いて、否定せず受け止めてあげましょう。「ママはわかってくれてるみたい」「味方がいてほっとした」と、安心感を与えることが大切です。ただし、「わざとかもしれないね」などの同意はいりません。ほかのきょうだいがイヤな思いをしたり、心を閉ざしかねないためです。安心感を与えることだけ考えて、「そっかそっか、ずるいって思っちゃったんだ」「悲しくて、腹がたっちゃったんだね」と気持ちに寄り添います。

この経験を重ねるうちに、「自分だけが否定されてるわけじゃない」と理解でき、視野も徐々に広がります。「わざとじゃないかもしれないよ」の言葉が届き、別の視点で考えられるようになるでしょう。

自己肯定感の低い大人にも、この傾向が見られることがあります。「どうせ自分は好かれない」という思いから、女性に対してわざときつくあたる男性も。私はこうした悩みを聞くときも、「気持ちはわかりますよ。世の中不平等だし」と気持ちを受け止めます。そのうちに、「こんなこと言っていても女性に好かれはしない」と自分で気づき、どうすればいいかを考えることができるようになります。

考えをシャボン玉にして、ただ眺める

頭に浮かぶ考えは、真実じゃない

「誰も自分の味方してくれない」「自分はやっぱりダメ」などの考えがしょっちゅう浮かんでいると、自分に自信をもてません。

ただ、どんな考えも、自分が頭のなかでつくり上げたもの。そんな根拠はどこにもないし、ただの考えにすぎないんです。イヤな考えが頭に浮かんでも、「また浮かんじゃった」「また自分いじめしちゃった」と、距離を置いて眺められるのが理想です。そうすると、現実には皆にきらわれているわけではないこと、自分にもいろんな力があることに気づき、自信も徐々についてきます。

考えを受け流す方法として、私がおすすめしているのが、シャボン玉のテクニック。頭に浮かぶいろんな考えをシャボン玉に見立て、眺める方法です。丸い玉としてパッと現れ、ふわっと大きくなって、やがては消えていく。その様子を眺めていると、「考えなんて、こうして浮かんでは消えていくだけのもの」と実感できます。

すぐにイメージできないときは、実際のシャボン玉をとばして、一緒に眺めてみても。「考えもこうやって、浮かんでは消えていくね」と、イメージしやすくなるでしょう。

ふくらんではじける。考えはそれだけのもの

人とうまく
やれない
また
失敗しちゃった
みんなに
きらわれたら
どうしよう
イジワル
された
学校
やだなあ
きれいねー
うん

頭に浮かぶ考えは、自信のない自分が勝手につくり出したもの。それらと距離を置き、「またなんか考えちゃった」「でもほっとけば消える」と気づけるといい。

イヤな考えを、バトルゲームでバンバン撃つ

ゲームのつもりで、頭に浮かぶ考えを撃退！

アクティブな子には、ふわふわのシャボン玉を眺めるより、〝考えをやっつける〟方法が有効なことも。バイオハザードのイメージで、次々に現れる考えをゾンビに見立て、バンバン撃ってみては。一度倒した後、またしつこく生き返ってくるところも、イヤな考えとそっくりです。それでもまたバンバンと撃ち、考えをやっつけていきます。

親自身がイヤな考えにとらわれることも、よくありますよね。「家事も育児も中途半端にしかできてない」「自分はいい親じゃない」などなど。それらも、自信のなさから頭のなかでつくり出した考えにすぎません。あるいは子育てに高い理想を掲げすぎて、「親は○○すべき」「○○でなきゃ」と、自分を苦しめているだけかも。

私の目から見れば、どの親も十分頑張っています。自分を責める考えが浮かんだら、なつかしのインベーダーゲームのイメージでバンバン撃ち落としましょう。撃っても撃ってもまだ敵機が来ますが、あきらめず撃ち続けて。そのイメージを持ち続けると、考えを真実のように捉え、飲み込まれることも減ってきます。

子どもにゾンビの絵を描いてもらい、考え①②③のところに実際の考えを書き込んでも、楽しくとり組める。

ゲーム内の攻撃性は、あくまでバーチャルなもの

「ゲームとはいえ、撃ち殺すなんて攻撃的だしよくない」と思う人もいるかもしれません。心理学の世界でも、1960年代からこうした研究がさかんにおこなわれてきました。攻撃的な行動を映像で見たり、ゲームで体験することで、子どもの攻撃性が高まるともいわれ、多くの親が子どもへの影響を心配したもの。実験でもこの説を裏づける結果が出たり、反対の結果が出たりして、はっきりとした決着はついていません。

ただ私のスクールカウンセラーとしての実感は、この説とはちょっと違います。ニュースで見るような動物虐待をはじめ、本当に攻撃的な行動に向かう子は、別の心理的問題を抱えています。何か事件があって自宅を調べると、攻撃的なゲームやホラー映画が見つかることはありますが、それが原因とはいえないんです。心から愛されず、自己肯定感を感じられなかったなど、別の側面に目を向ける必要があります。

ときどき攻撃的なゲームを楽しむ分には、そこでスカッと発散し、現実の攻撃的行動に向かいにくいのではと考えています。

イヤな考えには、「〜と思った」とつけ加える

「しょせんはただの考え」と気づけたら最高！

考えと距離を置くためのバリエーションを、もう1つ。考えの後に、「〜と思った」とつけ加える方法です。「えっ、それだけ!?」と言われそうな簡単さですが、効果は実証ずみ。ニンチコのなかでも比較的新しい方法「ＡＣＴ（アクセプタンス＆コミットメントセラピー）」の、立派な手法です。

新しいことが不安なときは、「自分にはとても無理（と思った）」、友だち関係で落ち込んだときは「きっときらわれた（と思った）」。「と思った」をつけ加えるだけで、セリフのような他人事感が出てきませんか？ 自分の絵を描いて、吹き出しに考えを書き込んでもいいでしょう。マンガの人物のように眺められ、「いつもこんなこと考えてたら、つらいだろうな」と思えるかも。「あなたはそんなにダメじゃないよ」と言ってあげたい気持ちもわいてきます。これが自分の気持ちや考えを許す「アクセプト」です。

そのうえで、自分をつらくする考えにとらわれず、やりたいことをする「コミットメント」も重要。自分が望む人生のために、本当に価値があると思える行動にとり組めたら素敵ですね。

Lesson
058

考えをただの考えとして扱うと、「それって本当?」という別の視点も出てきやすい。

クラスメイトへのねたみ、イラだちにも効く

きらいな子の存在は、子どもにとってゆううつの種。好きじゃない子とはかかわらないのがいちばん平穏ですが、見ているだけで気持ちがざわつく子もいます。「内申書のために先生にいい顔をしてる」「男子にこびてる」などの話を聞くこともあります。

きらいな子に何を思おうと、子どもの自由。その思いを否定する必要はありません。私も学校で話を聞くとき、「そっか。そう思うんだね」「人それぞれいろんな捉えかたがあるしね」「そう思うこと自体はアリなんじゃない」と受け止めます。

ただ、そう思って人をきらい続けることは、心の負担になります。いらぬ軋轢《あつれき》を生み、その子自身が損をするでしょう。思いを受け止めた後は、その点もさりげなく指摘します。「クラスメイトのことに煩《わずら》わされず、自分は自分って思えたほうが、楽しく生活できそうだよね」という具合にです。このときも、「と思った」手法が活躍。「あの子は内申書のために先生にいい顔してる（と思った）」と、その考えに煩わされないようにするんです。これを習慣にすると、ねたみやイラだちの気持ちを、自分のなかでうまく処理できるでしょう。

「大丈夫、何とかなる！」と言ってみる

「魔法の言葉」で、自分自身を勇気づける

心が折れる瞬間は誰にだってあります。そんなときは、「こんな気分じゃ何もできない」と考えてしまいがち。でも、気分を優先していると、いつまでも行動できません。これはうつ病やうつ状態の人にも見られる負のループです。そのためニンチコでは、行動を変えることで、気分を変えるアプローチを大切にしています。

そんなときに役立つのが、魔法の言葉。不安なときやクヨクヨしたときに自分を力づけ、一歩踏み出す勇気を与えてくれます。自信がなくても、「大丈夫、何とかなる！」と口にするだけで、勇気が出てくることもあるんです。

子どもたちにも、自分を励ますお気に入りの言葉を考えてもらいましょう。かわいいカードに書いて肌身離さず持ち歩くと、学校で不安になったときにも、自分を勇気づけられます。

親も一緒に、自分を励ます言葉を考えてみてください。たとえば育休から戻ったものの、「何の役にも立てていない」と感じて落ち込むとき。「大丈夫。成果はゼロじゃない！」「できることからやっていこう」などの言葉を見れば、前を向く気持ちもわいてきます。

Lesson 059

お気に入りのカードにして持ち歩くと、より効果的

子どもにはもちろん、親にも役立つ方法。「人は人、自分は自分」などの言葉は、職場の人間関係の悩みにも効く。子どもに応援メッセージを書いてもらうのもいい。

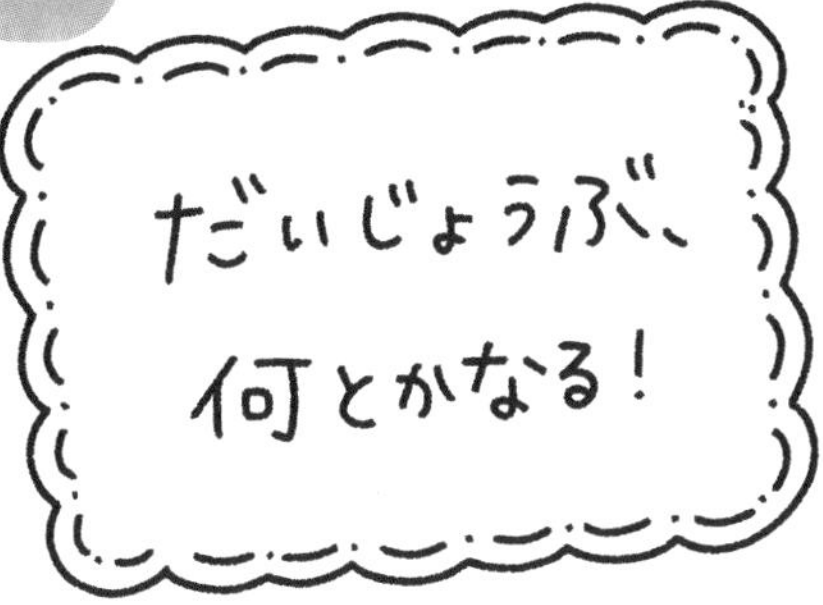
だいじょうぶ、
何とかなる！

人は人。私は私。
気にしない！

とりあえず
やってみよう

完ぺきじゃ
なくたっていいよ

全員に好かれ
なくても、
楽しくやっていける！

自分を思いやる心地よい言葉を見つける

自分で自分をいたわれると、生きる力が身につく

自分を励ます言葉と同じくらい、自分をいたわる言葉も大切です。親は毎日、子育てや家事、仕事に追われ、「やっと今日が終わった」という気持ちで日々を過ごしています。一方、子どもだってラクではありません。いまどきの子どもは学校の勉強、塾に習いごとにと、予定がびっしり。友だちづきあいの悩みも加わり、子どもの小さな脳はフル回転です。

「無理しなくていいよ」「もう十分頑張ってるよ」という言葉を、ときには自分自身にかけてあげましょう。自分の努力を認めることも、自己肯定感を育むうえで欠かせない姿勢です。「まだ足りない」「もっと頑張らなきゃ」と足りない部分ばかり見ていては、自信をもつこともできません。

友だちがつらくなっているときにかける言葉をイメージすると、考えやすいはず。大事な友だちに接するのと同じように、自分自身を大切にし、やさしく接する気持ちを思い出してください。誰かにかけてもらって嬉しかった言葉も、大切にしたいもの。こうした言葉もカードに書いて持ち歩き、心が疲れたときに見返します。

Lesson 060

メモっとこう
そのままの君が好き…
これ言われたらうれしいなあ

ありのままの自分を認める言葉、かけられたら嬉しい言葉を見つけたら、メモしておこう。

マンガや小説などから、お気に入りを見つけて

自分を励ます言葉、いたわる言葉は、学校の心理教育でもよく使っているワークです。みんな楽しんで、思い思いの言葉を書いてくれます。お気に入りのマンガから拾ってくる子もいれば、意外や意外、聖書の言葉も結構人気。「明けない夜はない」「乗り越えられない試練はない」などの言葉を気に入って書く子も大勢います。

子どもとの1対1の面談でも、その子のための言葉を渡すことがあります。「いま私、ちょっといいこと言ったんじゃない？」「メモっとくから、よかったら私の分身と思って持っといて」と、押しつけがましくならないように渡しています。登校しぶりで来室していた女の子は、「学校行かなければ、一瞬はほっとするかもしれないね。でもちょっと頑張って学校に来て、達成感を得ることもできるよね。目の前のにんじんをとるかケーキをとるかじゃない？」というアドバイスが気に入った様子。カードに短く書いて渡したところ、印象に残った言葉として、後日、クラスで発表してくれました。

親が同じ方法で渡してあげてもいいと思います。本人の気持ちが動いた言葉に注目して、さりげなく渡してあげましょう。

心のなかに、気持ちい〜い場所をつくる

どこにいても、思い浮かべるだけで安心！

不安なときや落ち込むとき、いつも誰かが手を差し伸べてくれるとはかぎりません。これは子どもも親も同じ。学校に行くのがゆううつだったり、会社がイヤでたまらなかったり。長い目で見れば自分のためだし、行ったほうがいいのは重々承知です。それでもやっぱりゆううつにはなりますね。

こんなとき、自分で自分をほっとさせることができると、おだやかな気分で過ごせます。そのために用意しておきたいのが「気持ちい〜い場所」です。

小さいころに行って楽しかった場所、大好きなおばあちゃんの家など、どんな場所でもかまいません。いつか行ってみたいと思っている外国の景色や、絵本や小説のなかの空想の世界もアリです。「なんかつらいな」と思ったら目をつぶり、そこでくつろぐ自分をありありと感じてみて。降り注ぐ光や海風のニオイなど、本当にそこにいる感覚で、その時間を味わいます。

「つらくなっても、私にはあの場所がある」と思えるくらい、大事な場所を心に用意しておいてください。

Lesson
061

それぞれに大切な場所をもって。どんな場所か話し合っても、ひっそり心にしまっておいてもいい。

ぼくは
海の生きもの！
ママは
たっくんが
生まれたとき！

リアルなモノ、生きもの、場所でもOK

中学生の男の子で、馬の本をとても大切にしている子がいました。図鑑のようなとても分厚い本。それを見ているだけで気持ちが落ち着き、素の自分に戻れる様子。彼のように、手にふれて感じられるモノを、「気持ちい～い場所」にするのもいいと思います。鉄道が好きなら、鉄道模型や時刻表もいいですね。お気に入りのぬいぐるみも、いやしグッズとして役立ちます。

そのほかに子どもに人気なのは、水槽の魚。「ファインディング・ニモ」のニモのようなカラフルな魚ではなく、落ち着いた淡水魚が好きという子が結構いるんです。同じく地味ですが、エビも人気。学校に来たくないという男の子のために、少しでもほっとできる場所があるといいなと考えて、保健室に水槽を置いてもらったこともありました。魚は保健室の人気者となり、いろんな子が挨拶しにくるほど。お世話係は、もちろん魚好きの男の子。居場所がある、役割があると感じるのに役立ったようです。

実際に足を運べる場所もいいですね。お気に入りの公園のお気に入りの木など、自分なりの気持ちい～い場所を見つけてください。

マインドフルに散歩して、頭も身体もスッキリ！

風の感触や香り、自分の足どりに注意を向けて

ニンチコの基本は、心をつらくする考え（認知）や行動を変えること。ただ、どこかの段階でもとに戻ってしまう人もいます。このような人にも効果があるとして、世界的に広がっているのが「マインドフルネス」。仏教の瞑想《めいそう》がルーツで、〝いま、ここ〟に注意を向け、心を集中させるのがポイントです。

マインドフルネス呼吸法、マインドフルネスヨガなどが定番で、アメリカではストレス対策として、企業内でも積極的にとり入れられています。日本でも全国各地でワークショップが開催されているので、親子で参加してみるのもおすすめです。いま現在、心がつらい人にかぎらず、予防的効果も期待できます。

より簡単に、日常的にとり入れるのもおすすめです。私のおすすめは散歩。足の裏全体で、交互に地面を踏みしめる感触に注意を向けていると、考えに引きずられていた自分がもとに戻っていきます。たとえば、子どもに怒りすぎてしまった場合。散歩に行って気を鎮め、ニュートラルな自分で戻ってくるということもよくあります。近所の散歩でも、五感でさまざまな刺激を味わえるものです。

Lesson 062

イライラしたときの、親の気分転換にも！

足の裏の感触、顔をなでる風、どこかの家の夕飯の香り。近所の散歩でも、感覚を満たす刺激がいっぱい。

〝いま、ここ〟の喜びは、自己肯定感そのもの

〝いま、ここ〟に意識を集中させるのは、人は本来、いまだけを生きているから。過去を悔やんだり、嘆いたり落ち込んだりしても、やり直すことはできません。では未来はどうでしょう？　未来のために努力することはできますが、実際にどうなるかの予測は不可能。なのに人は、過去を思い出しては自分を責めたり、未来のできごとを想像しては不安になったりします。これがうつ病や不安症の背景にある要因です。目の前にある人生の喜びには目を向けず、ほかのことで頭をいっぱいにしているんです。スマホばかり見て、情報にふれ続けているのも同じ。「マインドレス」とよばれる、心が忙殺された状態です。

マインドフルネスの感覚が身につくと、多忙な毎日のなかでも、生きる喜びをとり戻せます。ていねいにコーヒーを淹れて、ひと口ずつゆっくり味わうのも、〝いま、ここ〟の喜び。はじめて口にするもののように、好奇心を向けて香りを感じ、次に、舌で味わいや温度を感じてみて。目の前のものを身体と心で感じる感覚を思い出せるはずです。

目をつぶって、好きな香りをかぐ

アロマもいいけど、「私だけの香り」も大事

香りの力はあなどれません。かぐだけでリラックスできたり、素の自分に戻れたり。心に大きく影響します。

アロマテラピーで使うような芳香ばかりではありません。「自分の布団や毛布のニオイ」など、かぎ慣れたニオイも安心感を与えてくれます。かくいう私も、子どものころから自分のニオイが好きでした。もっとも手放せなかったのが、ニオイが染みついたタオル。小学生時代、父親が軽い気持ちで捨ててしまったときは、「命より大事なのに！」と怒鳴って大泣きしたほど。後日無事に見つかり、大学生まで大切に持っていました。これも「気持ちい〜い場所」（↓P148）のバリエーションです。

同じような子どもはたくさんいて、なかには「ボロボロだし不衛生だから、とり上げたほうが」という親もいます。菌が繁殖してものもらいになることもありますし、気持ちはわかります。でも、それで心が落ち着くなら、そのほうがずっと大事。「大切なものだから絶対とり上げないでください。子どもの代わりにお願いします」と全力でお伝えしています。

Lesson
063

あのタオル、そんなに好きなのか…
……
……命より大事だってよ！……

これがないと眠れないという子も。どうか捨てないであげて。

香りから、大切なエピソードがわかることもある

香りによってなぜ気分が落ち着くのか、少しくわしく見てみましょう。嗅覚と記憶には密接な関係があり、ニオイにまつわる記憶はおもに2つに分けられます。(Yamamoto K, 2015)。1つは、ニオイそのものの記憶です。自分のニオイが落ち着くのも、もっともなじみがあり、強く記憶されているニオイだからと考えられます。

もう1つ重要なのが、ニオイによってよみがえる記憶です。有名なのが「プルースト効果」。あるニオイをかいだことで、それと結びつく過去のできごとがありありと思い出されることをさします。プルーストの小説『失われた時を求めて』のエピソードに由来。紅茶に浸したマドレーヌを食べていると、その香りから突然、幼少期のできごとを鮮明に思い出すという場面です。この効果を考えると、本人にとって楽しかった時間、忘れがたい記憶にまつわるモノ、食べもののニオイもあなどれません。

「好きなニオイは何?」「どんなところが好き?」と親子で話してみると、思いがけないエピソードや理由が出てくることも。子どもの大切な思い出を知るきっかけになるかもしれません。

ペットや子どもを ぎゅーっと抱きしめる

抱きしめるだけで、幸せホルモンが出る

好きな人にギュッと抱きしめられたり、抱きしめたりすると、愛情ホルモン「オキシトシン」が出るのは有名な話。幸福感や安心感で自然と満たされます。アメリカの研究でも、パートナーとのハグの頻度が高いほど、オキシトシンが多く分泌されていました。その結果、免疫《めんえき》機能が高まり、感染症にかかりにくかったり重症化しにくいこともわかっています（Cohen S et al., 2015）。日本ではパートナー間のハグは少ないかもしれません。でも親子なら、ある程度の年齢まではあるはず。子どもとのスキンシップは、愛着形成の意味でも欠かせないものです。母親と5分間スキンシップした子は、初対面の相手を怖がったり逃げたりしにくくなるという実験結果もあります（Tanaka Y, Kanakogi Y&Myowa M, 2021）。オキシトシンが分泌され、信頼感や絆が強まったことの効果です。

オキシトシン以外にも、幸福感を生む「β《ベータ》エンドルフィン」、心を安定させる「セロトニン」、快楽を感じさせる「ドパミン」などの神経伝達物質が出ます。もっとも手軽で効果の高い心の健康法といえそうです。

Lesson
064

帰ってきたらすぐにハグ。忙しい親ほどとり入れてほしい習慣。

仕事が忙しいときほど、子どもとスキンシップを

かくいう私も、子どもとのハグがいちばんのストレス発散です。いまいちばん好きなニオイも、子どものニオイ。仕事でクタクタで帰ってきたときも、まずは子どもにギュッとハグします。それだけでほっとして、素の自分に戻れるんです。子どもってほっぺたがプニュプニュで、髪はサラサラ。それをなでたり、髪をくっつけたりするだけで安らぎます。これぞ親の特権ではないでしょうか。

愛情を伝える意味でも、スキンシップは大事です。忙しくて、話を聞いてあげられる時間があまりないときほど、「いちばん大事に思ってるよ」の気持ちでぎゅーっとしています。

家族という意味では、ペットとのハグにも心理的効果があり、オキシトシンが出るとわかっています。家に帰って、愛犬をギュッと抱きしめたりすると、やはり安心するのでは？　子どもも大人も、ペットとのスキンシップやニオイが落ち着くという人は多いもの。犬の脳でも、同じようにオキシトシンが分泌されているのだそう。大切な人やペットを日常的に抱きしめる習慣で、心を安定させつつ、愛情を伝え合えたらいいですね。

いちばんしたい、楽しいことを思い浮かべる

目の前の問題にばかり、目を向けていない？

悩みを抱えていると、そのことで頭がいっぱいになります。「これが解決しなければ、何もできないし、楽しめない」という気分に陥りますよね。でもどんな悩みも、過ぎ去ってしまえば小さく見えますし、「あんなに悩むことなかった」と思えるはず。人は目先の問題を過大視するものなのです。

目先の問題でクヨクヨしたときは、その先にある楽しいこと、やりたいことに目を向けてみて。「いま、何ができたら楽しめそうかな」と、親子で空想しあうのもいいでしょう。妄想だってOK。楽しいことをありありと思い浮かべ、話し合ううちに、視界が少し開けたり、前に向かう力や意欲を高めることができます。現実に達成したい目標があれば、なおいいですね。いまからできることを現実的に考えて、コツコツとり組むうちに、目の前の問題に心を削られにくくなるでしょう。

やってみたいことに制限を設けないことも大切です。「何でも実験だから、まずやってみよう」「失敗していいよ」の言葉をかけ、行動する力をつけさせることも、自己肯定感につながっていきます。

Lesson
065

ゲーム感覚で、家族みんなで思い浮かべてもいい

フカフカ
ぼくは
フカフカの
子犬と遊ぶ!
ママはねー
スパ行きたい!
パパは
ドイツで
ビール飲みたい

すぐ実行できそうなことから、いつか叶えたいことまで自由に想像。目先のことだけにとらわれにくくなる。

HSCかどうかより、目の前のわが子を見てあげて

時代ごとに、いろんな心理学用語が出てくるもの

最近では、ＨＳＰ（ハイパー・センシティブ・パーソン）の用語が広く知られるようになりました。直訳すると、感受性が非常に高く、傷つきやすい人のこと。子どもの場合はＨＳＣ（ハイパー・センシティブ・チャイルド）とよばれます。

スクールカウンセリングでも、「うちの子はＨＳＣなんじゃないか」と相談を受けることがときどき出てきました。ただ、どんな時代にも流行の心理学用語があるもの。大事なのは、その言葉を使って、何を伝えようとしているかです。

レッテルを貼ることで見えなくなるものもある

そのため私は、ＨＳＣかどうかに言及せず、具体的な問題、悩みにフォーカスして話を聞きます。敏感さで対人関係が築きにくかったり、大きな音に耐えられなかったり。目の前の人の困りごとを具体的に解決するほうが、ずっと大切だからです。

流行の心理学用語に子どもをあてはめることには弊害もあります。子どもをステレオタイプに見てしまうことです。敏感な一方で、ときに活動的だったり、人には多様な特性があるもの。用語に頼らず、目の前のありのままの姿を見てあげましょう。

PART 4

ほかの子や育児書を見て、自信をなくしていない？

親の自己肯定感を育てよう

親の自己肯定感が低いと、
子どもの行動1つ1つに不安になったり、
つい口出ししたりしてしまうことも。
「完璧じゃなくても大丈夫。これでいい」と思えるように、
親の自己肯定感を少しずつ育んでいきましょう。

ベストアンサーはない。情報収集はほどほどに！

情報収集が2割、テーラーメイドが8割で

世の中には数かぎりない育児書、ネットの育児記事であふれています。「〇〇しないといけない」「××しちゃダメ」の情報だらけ。これが親の自己肯定感を下げる一因ではないかと、私は感じています。

たしかにいいことが書いてありますよね。読んでいると納得し、「やってみようかな」と思います。でも子どもと過ごす日常って、それだけで大変。いざ実践しようとすると、「またできなかった」と落ち込んでしまいませんか？

これも、子どものためにいい親でいたい、子どもを幸せにしたいと願えばこそ。でも、その思いとエネルギーがあるなら、育児書やネットのチェックはほどほどにして、目の前の子どもを第一に見てほしいんです。自分の子を見て、「いまどんな気持ちかな」「どんなこと考えてるのかな」と想像力を働かせてみてください。

最初からうまくはいきません。それでも自分なりに試行錯誤し、ダメならほかの方法を試せばいいだけのこと。育児書やネットの情報、理論は2割程度で十分です。残り8割は、わが子に応じてテーラーメイドする部分として残しておいてほしいと思います。

調べれば調べるほど、何が正しいのかと混乱してしまうことも。

省エネ子育てで、子どもはちゃんと育つ

育児書やネットをどんなに調べても、ベストアンサーは見つかりません。親自身が悩みながら子どもと向き合い、出した答えこそベストアンサーです。100%の最善でなくていいんです。いまの自分たちが、親として子どものためにできることをやってあげれば、それで十分ではないでしょうか。

育児情報に頼りたくなるのは、先行きの不透明さや、育児環境の問題でもあります。ワンオペ育児の家庭も多く、子どもの悩みを誰にも相談できず、1人で抱えるママがどれほど多いことか。不安になったり、自信がなくなるのも当然です。

自分だけで抱え込まず、1人でも多くの人を巻き込んで、育児の悩みを話してください。自分の子どものことを知るママ友でもいいし、夫の協力の余地があるなら、夫をぜひ巻き込んで。スクールカウンセラーのアポイントをとって、「こんなことで困ってます」と相談してください。学校での様子もわかるはずです。わが子を知る人たちをサポーターとして巻き込めば、その子にあったテーラーメイドの育児法ができ上がっていきます。

自分自身への「呪いの言葉」に気づく

「またやっちゃった」と、つい1人で反省会！

自分が親にかけられた言葉が、いまも頭に浮かぶことはありませんか？　育児において「〇〇しないといけない」「××しちゃダメ」と考えてしまうのには、その影響もあります。いまなお、親からダメ出しされている感覚です。その結果、「いい親になれていない」と自分を責めて、自己肯定感が下がってしまうことも。「自分の親のようにガミガミ怒らないって決めたのに、また怒っちゃった……」と落ち込むこともあるでしょう。

たとえば、「あなたってほんとダメね」などの言葉。いい子でなければ愛されないというメッセージとして、心に深く残ります。その結果、成人して親になったいまも、自分を責めてしまうんです。

子どもが学校に行きたがらないなど、問題が起きたときにはとくに、この感覚が強まります。子どものちょっとした失敗を、自分の失敗のように感じてピリピリし、怒りすぎてしまう人もいます。

「ちゃんとしなきゃダメ」「1人で頑張らなくちゃいけない」なども、よく見られる呪いの言葉。頭のなかにそんな考えがないか、親の顔とともに思い出すことはないか、一度振り返ってみてください。

Lesson 067

呪いの言葉
また大声で怒って
ビクッてさせちゃった…
大声で叱らないって
決めたばっかりなのに…
ねぎらいの言葉
私、こんなに子どものこと
考えて、超子ども思い!?

呪いの言葉で苦しむときは、「こんなに子どものこと考えてる」という発想の転換も必要。

自分がかけられた言葉を、うのみにしていない？

呪いの言葉が頭に残っていると気づけたら、それだけで大きな進歩。それは親の考えであり、事実でもなければ、あなた自身の考えでもありません。考えを客観視して、巻き込まれないようにしてください（↓P138〜）。そのうえで、どんな自分も受け止めて、育児を頑張る自分をねぎらい、やさしい言葉をかけてあげましょう。

自分の子どもには、そうした言葉を控える意識が大事。できたことに目を向けて、たくさんほめてあげる。言うことをきかなくて腹がたっても、「そういうこともあるよね。まだ子どもだもん」と考える。そんなおおらかさとやさしさが必要です。

「勉強しないと、まともな人生を送れないよ」などの言葉も避けましょう。子どもの将来のためであっても、これはただの脅しです。直後は言うことをきくかもしれませんが、内発的なモチベーションではないため長続きしません。結果としていつもその言葉を言うことに。子どものいきいきした表情も、やがて消えていくでしょう。

「子どもをいい学校に行かせて、いい人生を送らせせないと」という自分自身への呪いがないかも、ときどき振り返ってみてくださいね。

白か黒かでなく、「そこそこでOK」と考える

100%できてる親なんて、どこにもいない

「完璧にできなきゃ意味がない」「一度でも失敗したらおしまいだ」など、ものごとを0か100かで考えることを〝白黒思考〟といいます。この考えかたをもつ人は、ささいな失敗でも自分を責めて落ち込みます。子育てでもそう。「子どもが言うことをきかない」「感情的になり、いい加減にしなさいと怒ってしまった」など、どんなエピソードも、自分を責める理由になります。

でも、子どもは日々試行錯誤しながら、いろんな行動や知識を身につけている最中です。それに、親とはまったく別の人格をもった1人の人間です。親の思うように完璧にいくことがあったら、むしろ奇跡では!?　100%の子育てなんて、はじめから無理なんです。

子育てにおいて自分を責めてしまう人は、〝ほどほど思考〟を意識してみてください。「うまくいくこともあれば、いかないこともあるよね～」と、幅をもたせてものごとを捉える視点です。そう考えていれば、子どものいい部分に目を向けて、「すごいじゃない!」と心から喜べます。子どもが失敗しても、「まあ、そんなもんだよね」と寛容になれるでしょう。

Lesson 068

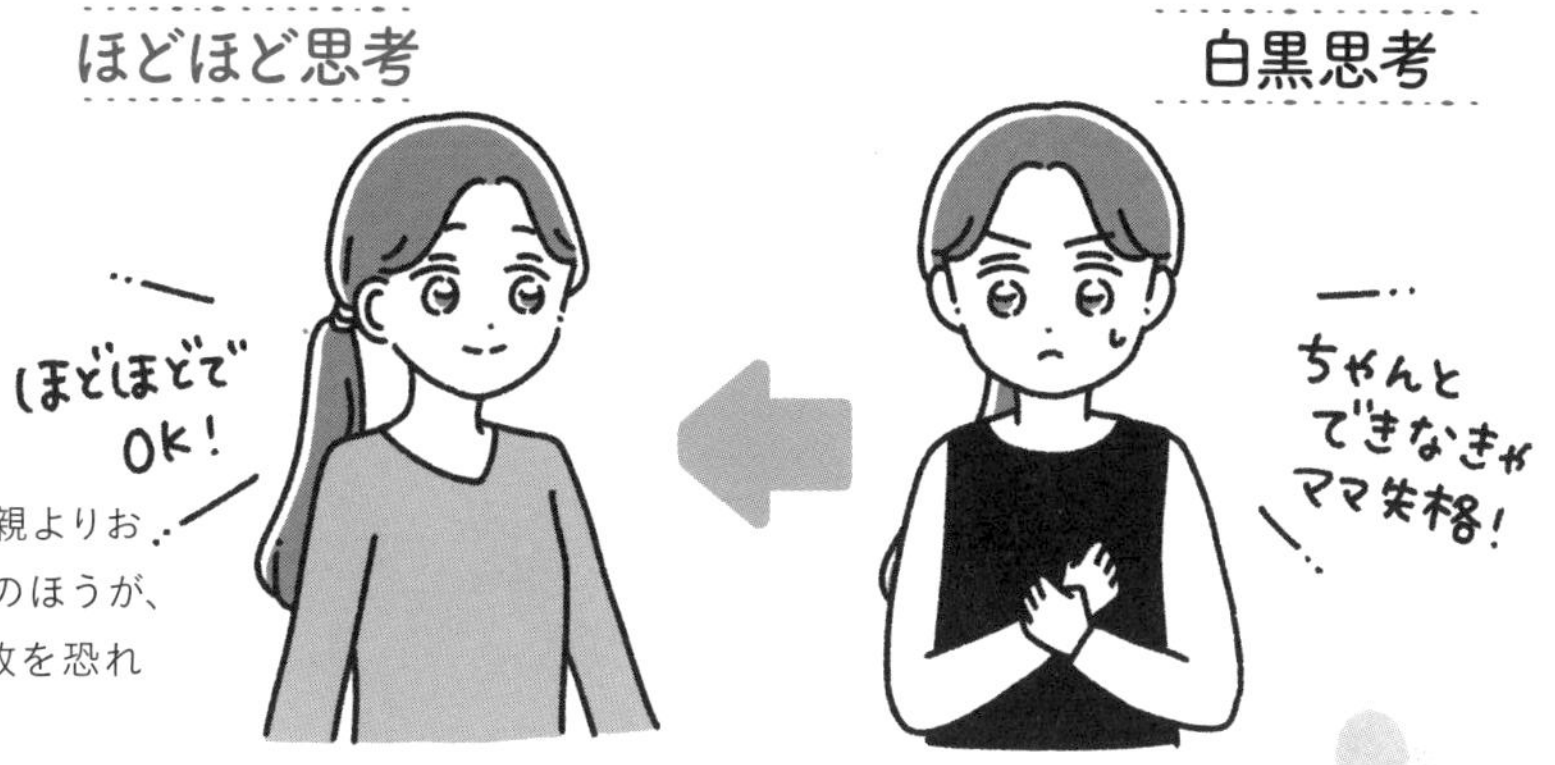
ほどほど思考
白黒思考
ほどほどでOK！
ちゃんとできなきゃママ失格！

完璧主義の親よりおおらかな親のほうが、子どもも失敗を恐れずにすむ。

仕事との両立も、ほどほど思考でラクになる

親が白黒思考をしていると、子どももつらくなることがあります。「ちゃんとして！」といつも言われたり、中くらいの結果では喜んでもらえなかったり。結果として、いい子にしていないと愛されないと感じてしまう子もいます。

親はもう十分に頑張っています。毎日食事の支度をしているだけでも、すごい頑張りです。栄養バランスに彩り、子どもの好みまで考えて……と、そんなに完璧にしなくて大丈夫。いつも同じようなメニューでも、冷凍食品を多用しても、子どもが不幸になったりはしません。適当に手を抜きつつ、おおらかに笑ってくれているほうが、子どもも安心できるかも。親が少し抜けていることで、子どもがしっかりするというパターンもあります。「ママはすぐ忘れちゃうから、忘れてたら言って！」と、協力を仰いでもいいでしょう。

ただしこのさじ加減は、親子の組み合わせにもよります。子どもがあまりにおおらかな子なら、親がしっかりやる姿を見せたほうがいいことも。白と黒のあいだにもいろんな濃さがありますから、幅広い引き出しを用意して、子どもに見せてあげられるといいですね。

悩んだときは メリット&デメリット表で解決

何を優先したいかわかれば、クヨクヨしない!

子どもの進路や、仕事と家庭の両立などの問題は、どんなに考えてもなかなか答えが出ないもの。堂々巡りに陥ることもよくあります。こんなときは、メリットとデメリットを具体的に書き出し、比較検討してみてください。「ニンチコ」では定番の方法で、問題を明確にし、迷いなく行動に移すことができます。自分にとって、何が最優先事項かも見えてきます。

たとえば中3の子どもの受験。勉強しないといけないのに、サッカーに夢中だとします（左の例1）。いつまでサッカーを続けさせていいか、悩ましいところです。そんなときは「いつまで」の選択肢をあげ、それぞれのメリット、デメリットを表に書き出します。全部書いたら、メリットは1〜3、デメリットはマイナス3〜マイナス1の範囲で採点。最後に各選択肢の合計点を記入します。

この合計点がもっとも高いものが、現時点であなたが考えるベストの選択肢。あとは迷わず、それでやってみることです。どの選択肢にもデメリットがあると理解できれば、決めた後でクヨクヨせずにすみます。

Lesson 069

行動の選択肢を考え、メリット&デメリットを数値化

書き込んでいくうちに、「意外とたいしたデメリットじゃない」などと気づけることも。

例1

合計点がもっとも高いものに決める。これを親の考えとして伝え、あとは子どもの希望を聞いて話し合いを。

来年は受験。サッカーをいつまで続ける？

行動の選択肢	メリット（+1～+3）	デメリット（−3～−1）	計
A 中3の最後まで続ける	かぎられた時間で集中して勉強するかもしれない +1点	受験勉強の時間が十分とれず、志望校に落ちるかも −3点	−2点
B 中3の夏休みまで続ける	夏休みまでは本人のやりたいことができ、2学期からは勉強時間もできる +3点	夏期講習には参加できず、受験への不安が少しある −2点	+1点
C 中3の始めでやめる	3年の始めから勉強に集中でき、塾にもしっかり通える +3点	やりたいことをやれず、本人の不満が強く残りそう −3点	0点

例2

子どもが不登校。私は仕事を続けていていいの？

仕事をやめることが子どものためになるかどうか、数値化して客観的に考えることもできる。

行動の選択肢	メリット（+1～+3）	デメリット（−3～−1）	計
A 仕事をきっぱりやめる	日中も子どものそばにいて、食事などの世話をしたり、様子を見られる +2点	いままでのキャリアを失うし、同じような条件ではもう働けず、私がつらくなる −3点	−1点
B しばらく時短勤務にする	17時半に家に着いて夕食をつくり、それ以降はそばにいられる +1点	日中どうしているか不安。さらに仕事のチームメンバーとの調整も必要 −2点	−1点
C いまのまま フルタイムで働く	私のやりがいは保てる。その結果、子どもに干渉しすぎずにすむかも +3点	子どもの日中の様子がわからず、帰りが遅い日は夕食にも困るかもしれない −3点	0点

今日じゃなくていいことは、元気な日にやればいい

部屋がぐちゃぐちゃだって、どうにかなるもの

「今日できることを明日に延ばすな」と言ったかと思えば、「明日できることは今日やるな」と言う人がいたり。格言って案外適当です。

でも、この適当さが肝心なんです。朝食と夕食の支度、お弁当づくり、お風呂掃除に洗濯……毎日の家事だけで、これだけのタスクがあります。そのうえ子どもの送り迎え、プリントのチェック、自分の仕事まで。できる日もあれば、できない日もあって当然です。

気持ちカップ（↓P78）に余裕があり、今日のうちにやってしまいたいなら、今日実行するのがベストです。

でも、気持ちカップの目盛りが7、8割までできていたら？　このままではカップがあふれ、何もかもイヤになったり、子どもにきつくあたってしまうかもしれません。そんなときは、「全部明日にして、寝よ！」が正解です。元気になってからやったほうが効率よくできたり、いい結果を出せるかもしれません。

家事がたまり、家中散らかっている日があったって、誰も死にはしません。家族がみんな元気でいられたらOK。このマインドでいきましょう。

Lesson 070

靴が泥んこで
明日履く靴がない！
えー、今言っても
ママはムリだよー

無理なときは無理と言っていい。子どもなりに解決できることもある。

子どもにやらせてみれば、案外できることも多い

家事を1人で抱えないことも大切です。私も帰宅後に仕事をすることが多く、無理はしません。許容範囲をうんと広くし、できることは子どもにやらせる。そんな「放牧子育て」がモットーです。

たとえば小2の長男にも、靴を泥だらけにしたときは、自分で洗ってもらっています。「お風呂場使っていいから、自分で洗ってね」と言えば、小2でも何とかなるもの。お風呂場は泥や洗剤だらけになりますが、そこは目をつぶり、「よく洗えたね」とほめます。

「明日履いていく靴がない！」というアクシデントのときも、「もうママわかんない。自分で考えなさい」と思わず放り出してしまいました。放り出された息子は、スペアの靴がないか、靴箱を捜索。結局見つからなかったのですが、小4の長女がお古の靴を持ってきてくれたようです。「ピンクだけど、サイズあうし、似合うよ」と提案し、息子はそれを履いていくことに。

「自分のことより子どもを優先すべき」「いつもいい親でいなきゃ」という思い込みを捨てれば、子どもたちは自分たちで考えて動きます。それも、子どもの生きる力になると信じています。

つらくなる考えを書いて、ゴミ箱にポイ

「いい親でいなきゃ」の考えが、心をつらくする

「いい親でいなきゃいけない」「子どものために頑張らなきゃ」という思いが強く、つい無理をする人は、その考えをポイッと捨ててしまいましょう。「〜すべき」という考えで自分を苦しめているかぎり、自己肯定感は低いまま。それが子どもの自己肯定感にも影響します。幼少期に親に言われてきた、呪いの言葉も同じです。「いまの私には、こんな考えは必要ない」と、潔く捨ててしまってください。

ポイントは、実際に紙に書いて捨てること。これは認知科学でも実証されている方法です。強い怒りを感じたときに、その気持ちを紙に書いてゴミ箱に捨てると、怒りにとらわれにくくなるんです(Kanaya Y&Kawai N, 2020)。紙というモノに怒りを投射するのが肝。脳内で、紙が怒りそのもののように処理されます。椅子から立ち上がってポイッと捨てる動きが影響している可能性もあります。

誰かに頭にきたときにも、ぜひ一度お試しを。たとえば実家の親や義理の親に「もっと子どものそばにいてあげて」と言われたとき。夫に子どものお迎えを断られたときもいいですね。会社で上司に頭にきたときに試しても、スッキリするかもしれません。

物理的に捨ててしまえば、脳内もスッキリ！

「〜すべき」という思考、「自分はダメだ」などの考えと決別すれば、子育てで落ち込むことも減る。

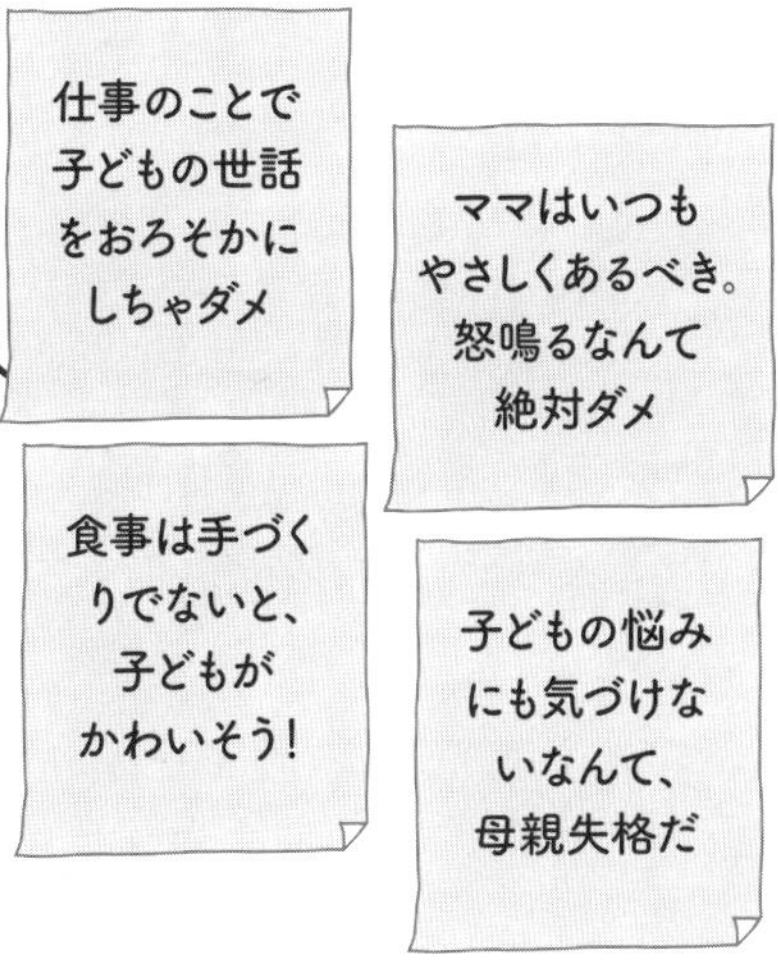
仕事のことで子どもの世話をおろそかにしちゃダメ
ママはいつもやさしくあるべき。怒鳴るなんて絶対ダメ
食事は手づくりでないと、子どもがかわいそう！
子どもの悩みにも気づけないなんて、母親失格だ

よく頭に浮かぶ考えなどを、イヤ〜な気持ちを込めて書いていく。何枚書いてもOK。

こんな考えは
ポイだ!!

椅子から立ち上がり、ゴミ箱にポイ!!　あとはお風呂にでも入って、スッキリ寝てしまおう。

不安が止まらないときは「ストップ！」と言う

「○○になったらどうしよう」が止まらないときに

自分をつらくする考えが浮かぶときには、脳内で強制終了という手段もあります。「ストップ！」の言葉で考えの反芻《はんすう》を止めるんです。

とくに効果的なのが、不安が止まらないとき。「子どもの成長がほかの子より遅い気がする」「友だちをたたくなんて、将来乱暴な人になるかも」「成績がこのままどんどん落ちてしまうかも」など、子育てには心配の種が山ほどあります。でもこれってよく考えたら、悪い未来ばかり予想する占い師のようでは？　根拠はどこにもないのに、まるで現実であるかのような感覚にとらわれ、自分で不安を強めてしまうんです。これが不安と考えの悪循環です。

「○○になったらどうしよう」という不安が、事態を解決することはありません。解決のためにできることがあればとり組み、あとは長い目で見守るのが現実的。それが子育てという長い道のりです。

親がいつも不安を抱え、「○○は大丈夫？」などと声がけしていると、子どもまで心配性になったり、何もかも親任せになる可能性があります。「ストップ！」で思考を止めたあとは、「何とかなる」と腹をくくり、子どもの力を信じて見守りましょう。

Lesson
072

「ストップ！」のほか、イヤな考えを口からふーっと吐き出す方法もある。

いじめられてたら
どうしよう
離婚することに
なったらどうしよう
不登校に
なったらどうしよう
フウー

どうしようもなく、ワンワン泣く日があってもいい

こうした方法を試してみて、それでも圧倒的な不安や悲しみに飲まれる日が、一度や二度はあるでしょう。そんな日は落ち込むところまで落ち込むことで、前を向けることもあります。

私にも一度ありました。長男を産んだ直後のことです。そもそも高齢出産で、長女を産んだのが37歳、長男を産んだのは40歳。大変になるだろうという覚悟はありましたが、それを上回る巨大な不安が一気に押し寄せてしまったんです。乳幼児2人を前に重圧と恐怖を感じ、「私1人で2人を育てるなんて、絶対に無理」と大泣き。いま思えば、ホルモンバランスの乱れもあったと思います。いつものカウンセリング技法すら思い出せないくらい、圧倒的な不安に飲まれ、ただただ泣くばかりでした。

ただ、ワンワン泣いて一晩過ごしたことで、腹をくくれた部分もあります。「産んだんだから、やるしかないじゃない」と、翌朝には前を向いて立ち上がることができました。

長い子育て生活では、親がギブアップする日もあります。「もう無理」と手放しで泣く日があってもいいと、私は思います。

「友だちが同じ状況なら？」と想像してみる

人にはやさしいのに、自分にきびしいのはなぜ？

友だちが子育てに全力を尽くし、クタクタになっているところを想像してみてください。見るからに疲れてるのに、「風邪ぎみだけど夕食の支度しなきゃ」「習いごとの送り迎えに行かなきゃ」と言っていたらどうでしょう。その友だちに、あなたはどんな言葉をかけますか？「何か買ってこようか」「習いごとは休ませちゃえばいいじゃない」「それよりちゃんと休んで！」と、やさしい言葉をかけるはずです。

なのに自分には、その言葉をかけられない人が多いんです。「子どもの食事もちゃんと用意できないなんて、親としてダメ」などと、はるかに高いハードルを課してしまいます。相手が友だちだったら、こんなきびしい指摘は絶対にしないはずなのに……もっと頑張らなきゃと、自分にはどこまでもきびしいんですね。

あなたが元気でいてこそ、子どもも元気に育ちます。自分にも、友だちにかけるのと同じやさしい言葉をかけてください。自分にとっていちばんの友だちは、自分。そのイメージで自分をねぎらい、「無理しなくていいんだよ」と声をかけてあげましょう。

Lesson 073

友だちの顔を思い浮かべ、同じ状況でどんな言葉をかけるか考えてみて。

●何か買ってこようか？
●習いごとは休ませちゃえば
●休むのがいちばんだよ。ゆっくり休んで！

子どもが大事でも、つねに最優先じゃなくていい

仕事と育児の兼ね合いで悩むときも、同じです。「子どものためにもっと仕事減らそうかな」「受験もあるし、仕事をやめて、近くで応援してあげたほうが……」という悩みをよく聞きます。

あなた自身が仕事をやめたいのなら、それもアリ。でも、「子どものため」という一心で仕事を減らしたりやめることが、子どものためになるとはかぎりません。一緒にいすぎることで、家のなかがかえってピリピリすることもあります。また、親が大事な仕事に打ち込む姿が、子どもの将来にいい影響を与えることもあるでしょう。

こんなときも、友だちに同じ相談をされたらと想像してみて。「そうだね、子どもは大事だよね。でもあなたの人生だって大事じゃない」「あなた自身のやりがいを手放しちゃってもいいの？」と、別の視点で考えられるかもしれません。

私自身は、「お仕事大好きなママだから、何とか自分たちでやりくりしてね」と子どもにお願いしています。ママだって、大好きなことがしたい。一緒にいられる時間が短くなっても、その時間を濃密なものにしてかかわれば、愛情はきっと届くと信じています。

身近な人に、いいところを3つあげてもらう

自分で自分を励ましきれないときもある

「自分をいちばんの友だちとして励まして」と伝えても、なかにはうまくできない人もいます。「だって自分は友だちじゃないし……どうしたってきびしくなっちゃう」というのが、その理由。

そんなときは、自分のいいところを見失い、自分を好きになれなくなっているのかもしれません。まさに自己肯定感が低下した状態ですね。その状況では、いちばんの友だちとは思えないでしょう。

大雑把な性格で、放牧子育てを旨とする私でも、ときにはこんな状態に陥ります。「もう無理。どうやっても元気出ない」と、力尽きた状態に。そんなときにくり出すのがこの裏技です。近くにいる夫を捕まえて、「ちょっと悪い。私のいいところを3つあげて、ほめて」と頼むんです。夫もびっくりしますし、半ば強引なやりかたですが、「前向きでしょ」「いつも元気」「仕事頑張ってる」など、とりあえず何かあげてくれます。

そうすると、本来の自分がどんな姿かを思い出したり、「いいところもあるよね」と自分を肯定できたり。一時的に低下していた自己肯定感をとり戻すきっかけになります。

Lesson
074

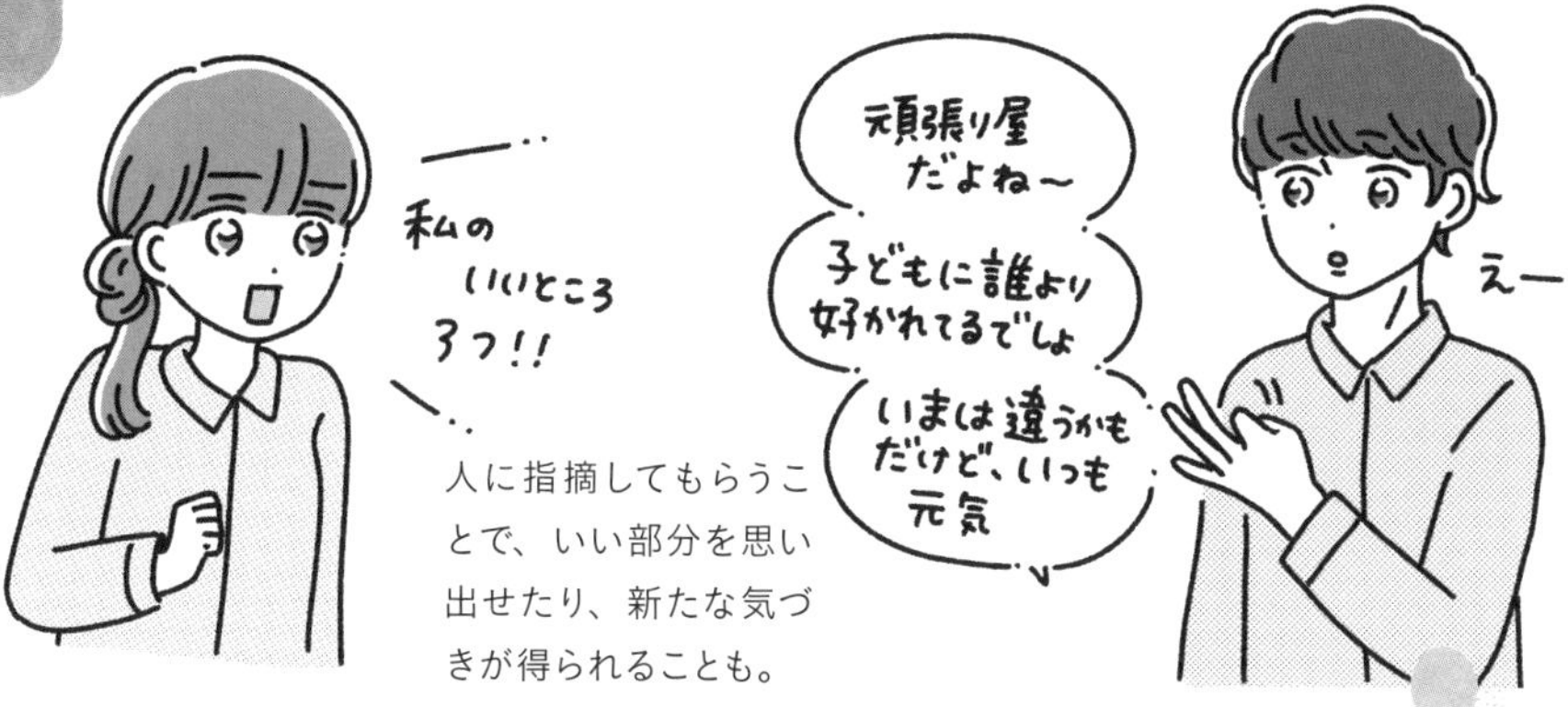

私の いいところ 3つ!!
頑張り屋だよね〜
子どもに誰より好かれてるでしょ
いまは違うかもだけど、いつも元気
えー

人に指摘してもらうことで、いい部分を思い出せたり、新たな気づきが得られることも。

「ママのいいところは?」と子どもに聞くのもアリ

子どもにお願いして、「ママのいいところ3つ!」とあげてもらうのもいいですね。子どもの目から見て、自分がどんな親かを知るいい機会でもあります。「落ち込んだ姿を子どもに見せるなんて」と感じる人は、その殻を破るチャンス。子どもにとっては、「親だって落ち込むことがある。普通のことなんだ」という学びになります。

日本人はそもそも、パートナーや家族のいい部分を直接口にする習慣がありません。気はずかしい気持ちはもちろんわかります。だけど、言葉にしないと伝わらないことも多いもの。「ママのいいところ3つ」のあとは、「○○ちゃんのいいところも3つ言わせて!」と、子どもの長所、好きなところを伝えてあげましょう。こうして肯定的な言葉をかけあうことで、「こんなふうに見てくれてたんだ」「ここが長所なんだ」と感じられたら最高。相手のよさを認め合い、互いの自己肯定感を高めることができます。

一度やってみると、子どももこの方法を覚えて、落ち込んだときに使ってくれるかもしれません。そのときは、とっておきのほめ言葉をかけてあげたいですね。

人と比べず、ありのままの自分を受け入れる

世界は広い。比べたところで意味はない

世の中には、働きながら子育てするママがたくさんいます。メディアに登場するほどの活躍をしながら子育てする人もいます。インスタには、その日の活躍ぶりだけでなく、手のかかった夕食の写真をアップ。体型管理やおしゃれにだって手を抜きません。それに比べて私は……と思う人もいるのでは？

そこで質問です。あなたは彼女になりたいですか？　衆目の集まる場所でセミナー講師などをこなしたい？　インスタ映えする食事をつくり、外見もキラキラさせたい？　それがあなたのいちばんの願いでしょうか。たぶんそんなことないですよね。

人と比べてうらやむ、落ち込むというのは、こういうことです。彼女は彼女であり、あなたはあなた。そして世界は広いんです。私も10代までは、つねに人と自分を比べ、自分の価値を測っていました。いまでは「視野せまっ」というのが、正直な感想です。

ちなみにカウンセラーとしてお伝えしておくと、キラキラ成分の裏側にはドロドロがあるのが普通です。相手のキラキラ成分と、自分のダメダメ成分を比較するのはフェアではありません。

一部のキラキラ
スーパーマザー
まあ、
ああいう人も
いるよね〜

自分は自分、他人は他人。このぐらいの距離感で眺めておくといいかも。

生きてるだけでえらい。これが最強の自己肯定感

人のいい部分がうらやましくなったら、「あの人のこの部分は素敵。でも私にもこんな素敵なところがあるよ」と、心のなかでつぶやきましょう。誰にも聞こえないので、安心して、自分を好きなだけほめてください。こんなところで謙虚になる必要はありません。

有名な神学者の言葉に、次のようなものがあります。

「変えられるものを変える勇気を、変えられないものを受け入れる冷静さを、そして両者を識別する知恵を与えたまえ」。アルコール依存症の自助グループでも使われ、世界的に広く知られるようになりました。

自分の過去は変えられませんし、未来もコントロール不可能です。いまここにいる自分をそのまま受け入れたうえで、何ができるか。それがここでいう「知恵」なのだと思います。

特別なスキルがなくても、キラキラのビジュアルじゃなくても、今日も生きてて頑張ってる。それだけでえらいと私は思います。「とりあえず今日も仕事に行けた」「とりあえず3食なんとかとれた」。それができただけで、「私えらいな」と自分を肯定してください。

子どもへのイライラのきっかけに気づく

コンディションが悪いときは、ついイライラ

ありのままの子どもを認めることは、すべて手放しで称賛するのとは違います。部屋を散らかすなら片づけさせる、宿題をするよう促すなど、必要なしつけや教育は当然あります。

子どもがそれをやらないときは、イライラすることもあるでしょう。17時半くらいにバタバタと帰ってきて、部屋中が散らかっていれば、当然イライラします。「宿題やってない」「頼んでた用事がほったらかし」など、さらなる問題があれば、もう爆発です。

爆発を防ぐには、子どもにあらかじめ説明しておくこと。「ママはやることがいっぱいだから、帰ってきてこの状態だと、わーってなるんだよ」「ママを怒らせないように片づけといてね」という具合にです。

時間がないときのほか、空腹のとき、体調が悪いときにも怒りスイッチが入るもの。気持ちカップ（→P78）の目盛りが8、9分目くらいのときは、こうした不調で簡単に爆発します。忙しいときは飴を口に入れておく、睡眠を十分とるなど、身体のコンディションも整えておきましょう。

Lesson 076

身体的・生理的な理由で、ついイライラする

忙しさに、下記のような要因が加わると、気持ちのコントロールが困難になる。

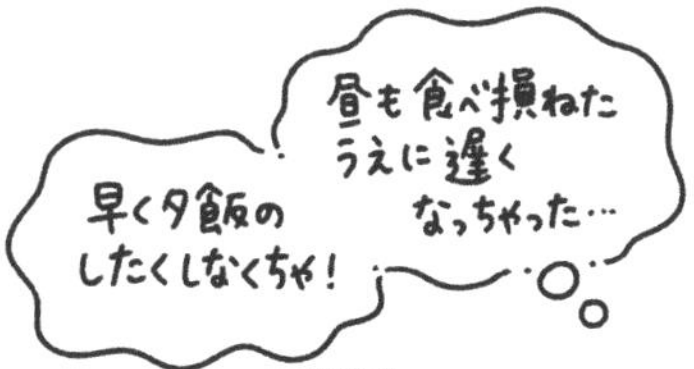
昼も食べ損ねたうえに遅くなっちゃった…
早く夕飯のしたくしなくちゃ!

空腹のとき

疲れておなかがすいているときは、それだけでもうやばい。爆発は必至。

帰宅時に部屋が散らかっているだけで、もう爆発!!

寝不足のとき

寝不足で何か作業をしているときは、子どものケンカにもイライラする。

お願い早く寝て…!!
そんなこと言ってないし!
お兄ちゃんが…

夜遅くに騒がれると、ついイライラ!!

ときには鬼になっちゃう自分を許す

「今日は怒らないぞ」と決めても、もつのは10秒

「絶対怒っちゃダメ」と思うほど、どこかで怒りが爆発します。私もしょっちゅう鬼になっているかも。「今日は怒らないぞ」と決めて帰宅しても、もつのは10秒……そんな日もあります。

でも、そんな自分を認めて許すほうが、「鬼化」の回数を減らせます。鬼化する理由に気づき、冷静に考える心のゆとりが生まれるからです。理由が見えたら、子どもにそれを伝えておき、「ママを鬼にしないでね」とお願いしましょう。子どもだって、「いい加減にしなさい！」なんて声を荒らげられるのは不快です。小学生にもなれば、そのくらいの理解や協力はできるものです。

学校で相談に来る子どもたちにも、「ママは鬼になる生きものなんだよね。鬼にしないためには何ができるかな」と話して、理解を求めています。

ときには子どもが失敗したり、約束を軽視することも。結果として鬼になったときは、「またなっちゃったね」と自分を許して。わずかでも理性が残っていて、鬼化している自分に気づけていればセーフです。

Lesson
077

この顔を見ているだけで、子どもも怖くなってしまいそう！

その考えが、怒りを爆発させる!!

ママだけ鬼役なら、夫とも状況を共有しよう

以前に比べ、男性の育児参加はずいぶん増えました。それでも、家事・育児の8割は女性という家庭が多数派では？「子どもに必要なのは母性」と信じる人も、いまだ多くいます。なお、心理学的、脳科学的には、男女は関係ありません。女性のほうがそばにいることが多いので、ママが好きになるというのが実際のところです。一緒にいる時間が長いぶん、鬼役になるのもたいていはママ。パパは週末に遊んだり、夜にお風呂に入るだけなど、いいとこどりの場合もよくあります。それに腹がたつ人もいるでしょう。

私も以前は、夫が何も見えていないことに腹をたてていました。子どもの支度で必死なときに、ゆっくりトイレに行って、スマホを見て。とにかくマイペースなんです。ただ、その状況で「◯◯してよ」と頼んでも、相手は責められたと感じます。落ち着いて話せるときに、「お互い仕事してるし、朝も忙しいから協力してほしい」「私も言いかたに気をつけるから」と伝えることに。結果として朝の床掃除、お風呂洗い、ゴミ出しはやってくれるようになりました。夫を巻き込むことで、鬼化の回数もだいぶ減ってきています。

身体の変化に注目！自分の体調を後回しにしない

子どもの受診は急ぐのに、自分の受診はあと回し

低年齢の子どもほど、発熱や嘔吐《おうと》などの異変が頻繁に見られます。それも急激に起こるのが特徴。慌てて会社を早退し、お迎えに行ったものの、夜にはケロッと遊んでいることもよくありますね。

アレルギーなどで慢性の症状があれば、定期的な通院も。歯科治療に歯科矯正、歯のクリーニングにも通わなくてはなりません。それでも親は時間をひねり出し、できるだけ早く対処しようとします。

一方で自分の体調はといえば、たいていあと回し。「病院に行くより、すぐやらなきゃいけないことがある」と、様子見にしてしまうんです。でも、親だってサイボーグじゃありません。親の健康も、子どもの健康と同じくらい大切です。様子を見ているうちに重大な病気が進行していたら、子どもの将来にもかかわります。

身体の異変に気づいたら、あと回しにせず病院に行きましょう。頭痛や不眠、胃の痛みなどの慢性の不調も、体質だからとほうっておかないで。一度は受診し、必要なら薬をもらって大事に至らないようにしてください。心がつらくて苦しいときも、迷わずメンタルクリニックを受診しましょう。

Lesson 078

市販薬で対処していい場合とよくない場合がある。やはり受診は大事。

「ママは寝ないとダメなんだ」と、正直に伝える

病気未満の不調にも目を向けて。子どもの成長と同じだけ、親は1年ずつ歳をとります。慢性的な不調が増え、疲れやすくもなるでしょう。スーパーマザーなんかになれなくていいんです。自分の身体をまず大切にし、無理のない子育てサイクルをつくりましょう。

私も、「2人も育てるなんて無理！」と大泣きして以来、省エネ子育てをめざすようになりました。睡眠時間も7時間はないと、翌日元気に活動できません。10時半には寝て、5時半に起きるのが習慣です。ときには子どもがどうしても寝つけず、泣きながら私を呼ぶことも。できるときは体をトントンとして落ち着かせますが……、「もう寝ないとダメだから寝ます」と言って、子どもを泣かせたまま寝てしまったこともあります。翌朝には一応、「ごめんね、ママは寝ないとダメだったから、トントンできなかった」と気持ちを伝えました。そのくらい、睡眠不足が弱点なんです。

誰にだって、こんな弱点があると思います。それを受け入れて、子どもに協力してもらうことも大事。「家族はチーム」の精神を思い出して、互いの心身を大切にしてくださいね。

親時間を決めて、おたのしみタイムをつくる

24時間ずっと、親として過ごさなくていい

親になってから、自分のためだけの時間をもったことがどれだけありますか？　「美容院に行ったのは半年前」なんて人もいるのでは。それではやがて、息が詰まってしまいます。

日本にはとくに、「親になったら親としての人生を送る」という価値観が強くあります。パートナー間で名前呼びをやめ、「パパ&ママ」「お父さん&お母さん」と呼ぶのもその一例。子どもを預けて2人で出かける習慣をもつ人も、少ないのではないでしょうか。

でも、24時間を子どものために使うことと、親としての責任を果たすことは別。親ではない顔をもち続けることも大切です。そうして気持ちをリフレッシュすれば、子どもに注意が向きすぎず、叱ったりイライラしたりすることも減ります。

できれば1日1回は、自分のためのおたのしみタイムをつくってください。「21時以降はママの時間だから、必要なことはそれまでに言ってね」と、子どもにも協力を仰ぎましょう。それが子どものメリットにもなると、理解してくれるかも。「僕も自分時間がほしいな」と言うときは、お互い様の精神で尊重します。

Lesson 079

これが私のおたのしみタイム。お供はお気に入りの味のポテトチップス。

21時にママ終了。ほっと息抜きでリセット！

私は毎日、21時までを営業時間と決めています。21時になったら、私だけの自由時間。新聞を広げて、お気に入りの味のポテトチップスを出して。健康にはよくないでしょうが、1日を頑張ったごほうびです。一気にバリバリ食べると太りそうなので、ハムスターのようにちびちびかじっています。結果、1袋を食べきるんですが。1時間はこんなふうに過ごし、22時半に寝るのが理想です。

夫の帰宅がもともと遅いこともあり、「この時間は帰ってこないでね」というのがわが家のルール。帰ってくるとつい不機嫌になってしまいます。私のポリポリタイムのあとに帰ってきて、自分で夕飯を温めて食べるときもあれば、お酒とおつまみを1人で楽しんでいることも。このときも私は何もしません。だって、その日の営業時間は全部終わっていますから！

これをわがままな人、自分勝手な親と思う人もいるかもしれません。その背景にあるのは、「親は親らしく」という思い込みだと思います。素の自分に戻り、ほっとする時間を習慣にすることは、親の自己肯定感を保つためにも大切ではないでしょうか。

悪い子の日もあっていい。好きなものを存分に食べて

「食べすぎはダメ」の制約も、ときには外していい

ストレスへの対処法を、心理学では「ストレスコーピング」といいます。この方法を集めた本も、親世代のあいだで人気。そこで目にする情報の1つに、「やけ食いしても気分は晴れない。別のストレスコーピングを」というものがあります。

心理学的な事実ではあります。でも一方で、こうも思いませんか？「あれもダメ、これもダメって、じゃあどうすればいいの!!」。嘔吐《おうと》するほど食べたりしなければ、たまには羽目を外したっていいじゃないですか。人間らしい行動ですし、誰に迷惑をかけるわけでもありません。

ときには「私、今日は悪い子になるから」と宣言し、好きなものを好きなだけ食べてみてはどうでしょう。ケーキにドーナッツ、アイスクリームのほか、ジャンクフードもアリです。学生時代のように誰かを誘って、食べ放題を楽しんでもいいですね。

身体は当時と違いますから、翌日には軽いものを食べたくなります。習慣化してどんどん太ることもないでしょう。大人だからこそできる羽目の外しかたを、たまには楽しんでみてください。

誰にも口出しさせないよう、家族にも宣言し、盛大にやってしまおう。

完璧じゃない親の姿が子どもを安心させることも

同じ理由で、私は毎日、ちょっとしたワルを働くことを習慣にしています。ポテトチップスを食べるのもその1つ。しあわせバタ〜味がいちばんのお気に入りです。3日に1日は、ちょっとさっぱりと青のり味。ダメな大人と思われても、ぜんぜん平気です。自己肯定感をもてていれば、そんなところで人の価値は決まらないと信じられるからです。

カウンセラーですが、ちょこちょこ毒を吐いたりもします。これ以上は書きませんが、人には言えないはずかしいこともします。

放牧子育てできるのも、悪い子になる時間があってこそ。子どものちょっとしたワルにも目をつぶれますし、おおらかに接することができます。完璧でない親の姿をときどき見せたほうが、子どももかえって気楽ではないでしょうか。子どもから、「ママだけお菓子食べてる。ずるい！」と言われたら、「ママはいま悪い子の時間だから」「○○ちゃんもストレスがたまったら、悪い子の時間つくっていいよ。好きなお菓子食べて」と返しましょう。これも互いに気分よく過ごすための、楽しいアイディアだと思います。

クヨクヨ落ち込むときは、野菜をみじん切り！

目の前の作業に没頭すると、意外とスッキリ

せっかく家に帰ってきても、子どもの学校のこと、たまっている自分の仕事など、考えなきゃいけないことがたくさん。大きなトラブルがなくても、「あ〜、めんどくさい」「いろいろ厄介だな」という気分にはなります。

こんなときは、無心でできる作業が役立ちます。料理が好きな人は、玉ねぎやにんじんをひたすらみじん切りしてみて。人の注意機能には限界がありますから、手元の作業に集中すると、むずかしいことは考えられません。もしも何かの考えが浮かぶなら、野菜とともにメッタ切りにするイメージで対処しましょう。

全部切り終わったころには、頭のなかがずいぶんスッキリしているはずです。全部ボウルに入れて子どもに渡し、「あとは卵とかパン粉とか入れて、混ぜ混ぜして！」と、ハンバーグづくりをゆだねましょう。結果、子どもも喜びます。

その日のメニューに関係なく、大量にみじん切りして、冷凍しておいても便利。ストレス発散になるだけでなく、「あのときの私、ありがとう」と思える日がやってきます。

Lesson
081

ほかの家事は適当にすませ、
それだけに集中できるよう
にして楽しもう。

庭仕事や編みもの、ジグソーパズルも楽しい

「野菜のみじん切りなんて、かえって面倒」という親もいるでしょう。じつは私もそっち派です。

そんな人には、庭やプランターの土いじりがおすすめです。海外では、「ガーデニング・セラピー」の研究がおこなわれ、心の病気で苦しむ人への効果も実証されているほど（Pieters HC et al., 2019ほか）。医学雑誌では、土のなかに抗ストレス作用をもつ微生物がいるなんていう報告もあります（Smith DG et al., 2019）。ガーデニングが好きな人は、心が疲れたときのストレス解消法としてぜひ楽しんでください。きれいに植え替えるのは後にして、土をぐちゃぐちゃいじるだけでも楽しそうです。

手芸が好きな人は、刺繍《ししゅう》や編みものにチクチクと没頭して。ジグソーパズル、よけいな思考に煩《わずら》わされずに集中できます。子どもが一緒にやりたがるなら、「いま、ママの時間」と断ってもいいですし、一緒にやってもOK。子どもに腹をたてていたときでも、その気持ちは脇に置いて、パズルの柄に集中します。目の前のことに没頭していれば、「まあいっか」と、子どもを許せる気分にもなってきます。

自分自身が、10年後に どうありたいかをイメージ

母でも妻でもない自分を、見つけ直そう

子育ては、〝いま〟の連続です。子どもが次々に何かをやらかし、その対処に追われ……あっという間に1日が終わり、気づけば半年、1年と過ぎていきます。大変ですが、充実した日々の証でもあります。過去は変えられないし、未来はコントロールできないという意味でも、目の前の時間を大切にしてほしいと思います。

一方で、未来への希望は大切です。いまは永遠に思える子育て生活も、気づけばあっという間に終わります。そのときどんな自分でいたいか、何をしていたいか。あなた自身の未来や、生きていくうえでの価値について考えてみてください。

ニンチコのワークでは、「パートナー関係」「家族関係」「友人関係」「仕事」「教養・成長」「趣味・娯楽」「健康」の7領域について考えるのが定番です。そこまでがっちりやらなくていいので、「どんな友人関係を築いていたいか」「どんなことを学んでいたいか」「趣味や余暇をどう楽しみたいか」などを思い描いて。「いい母（父）」「いい妻（夫）」という役割にとらわれず、1人の人間として考えるのがポイントです。

Lesson
082

子どもの将来像でなく、自分の将来像を考えることも、ときには大切。

子どもの自立のためにも、〝自分の人生〟を！

カウンセリングでも、「子どものためだけじゃなく、自分のために時間を使ってください」とよくお話ししています。すると多くの親が、「子どもの手が離れたら何かやりたい」と話してくれるもの。ワーキングマザーにかぎらず、専業主婦の親も同じです。「そういえば子どものことだけになって、自分がなくなっていました」と気づき、動き始める人も。ひさしぶりに1人で映画に行くなど、小さなステップでいいんです。親ではない時間を過ごし、素の自分をとり戻すことは、自己肯定感にもつながります。

親ではない自分を思い描けない人も、なかにはいます。そのようなケースでは、自分の不安を落ち着けるために、子育てに全力を傾けているという側面も。すると子どもも逃げ場がなくなり、不安や緊張を抱えてしまいます。

「自分が飛び立ってしまったら、お母さんが寂しい思いをするんじゃないか」という思いを無意識にもち、親に迷惑をかけ続ける子もいます。健全な親子関係を築き、子どもの自立を促すためにも、自分の100％を子どもに注がないことが大事です。

1日1つ、頑張ったことを書き留める

「今日も何もできなかった」と、落ち込むときに

自己肯定感の低い人は、「今日も何もいいことがなかった」「何もできなかった」と落ち込みやすい傾向があります。このようなときに役立つのが、「PDL（ポジティブ・データ・ログ）」。うつでつらくなっている人にもよく使われる手法です。

方法は簡単。1日が終わったら、「自分にもできていることがあるし、いいこともある」の根拠となるできごとを1行書きます。複数あれば、もちろんいくつでも。「書類が期日通りに出せた」「職場の同僚にランチに誘われた」「子どもが〝やったー、夕飯から揚げ！〟と言った」など、内容は何でもOK。ささいなことでも、自分の価値を裏づける事実です。スマホや手帳に書いておき、あとで見返すと、「悪くない毎日かも」と気づくこともできます。

なかには、このワークを完璧にやろうとしてかえってつらくなったり、「本当にいいことがない」と思い込み、落ち込む人もいるかもしれません。そんなときは、「1日3つ、自分をほめてから寝ましょう」とお伝えしています。「誰もほめてくれないなら、自分で自分をほめるか！」くらいの軽いノリで試してみてくださいね。

Lesson
083

頑張った自分を、やさしくねぎらって

PDLにこだわらなくてもいい。下記のような簡易版で気軽に試してみて。

自分をほめる ひと言日記

誰にも見られないので、
超・自画自賛モードで。
「メイクのノリがよかった」
だってかまわない。

超忙しいのに、
子どもが喜ぶ
ハンバーグをつくって
あげた!!

予定より早く提案書を
仕上げて、
喜ばれた
（できる女～！）

今日は1回も、
大きな声で
怒らなかった。
やさしいな、私！

自分をねぎらう ポンポンテク

いやー、私、
よく頑張った!!
えらかったわ～
ごほうび
あげたい！
ポン
ポン

「私、超働き者！」などと自分をほめながら、P128のバタフライ・タッチをおこなうのもいい。

完璧主義の人は、できなくてよかったことを書く

「～が当然」「～すべき」と思い込んでいない？

完璧主義の人の頭のなかには、たいてい次のような考えがあります。思いあたることがないか見てみましょう。

☑子育ても仕事も、ちゃんとできて当然
☑時短で働いている人は、短時間でも全力で働かないといけない
☑親も子どもも、人に迷惑をかけてはいけない
☑子どもの行動の問題は、親の育てかたに責任がある
☑学校でほかの子とケンカして、たたいたりするのは絶対ダメ
☑人前で子どもが泣いたり騒いだりしたら、すぐ静かにさせるべき
☑コンビニ食を子どもの昼食にするなんて、ありえない

1つでも思いあたれば、完璧主義の傾向があるかもしれませんね。どれも完全に間違った考えかたではありません。でも、あくまで個人の価値観だったり、理想レベルの話。「～が当然」「～すべき」と考えると、できなかったときに自分を責めてつらくなります。

こんな考えが浮かんだら、「～できたらいいな」「～にこしたことはない」と、語尾を変えてみましょう。

Lesson
084

疲れて起きられず、
お弁当をつくれなかった

↓

買ったサンドイッチを
持たせたら、子どもは
喜んでいた

クリーニング店に
出していた夫の服を、
とりに行くのを忘れた

↓

夫に伝えたら、自分で
とってきた

お弁当づくりもクリーニングの受け取りも、
できなくてもたいしたことは起こらない。

「ちゃんとできなくても大丈夫」な経験を積む

完璧にできない経験を、どんどん積んでいくことも大事です。「～が当然」「～すべき」のルールをあえて破ってみるんです。

たとえばコンビニ食。夏休み中の学童や、塾に持たせるお弁当まで、栄養バランスを考えて一生懸命つくる親もいるでしょう。そんな人には、コンビニ食なんて論外ですよね。でも菓子パンではなく、サンドイッチ程度なら、ずいぶんマシに思えませんか。月に1、2回そんな日があったところで、子どもが健康を害するでしょうか？仕事で疲れているときなどに、一度思い切って試してみて。帰ってきた子どもに対しては、「ちゃんとできなくてごめんね」ではなく、「ラクさせてくれてありがとう」の気持ちで接してください。

ポイントは、手を抜いたところで、たいしたことは起きないと気づくこと。ほかにも「掃除しない日をつくる」「洗濯は子どもに頼んでみる」など、自分1人で抱え込まないための実験をしてみましょう。うっかりやり忘れたこと、できなかったことも含め、上記のように1日1つ、紙に書いてみて。それらを眺めていると、当然と思っていた習慣をやめても、何も起きないと実感できるはずです。

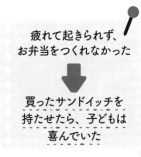

効率主義の人は、ゆとりで得られたことを書く

テキパキこなしすぎることで、心が疲れることも

何をするにも効率的な人っていますよね。テキパキ無駄なく、段取りよく、仕事も家事もこなします。大雑把な私からすれば、ちょっとうらやましいほどです。でも、このような人が疲れ果てて、カウンセリングルームに来ることもあります。無駄がないために、頭も体もいつもフル回転。時間を無駄にすることに罪悪感を覚えるため、頑張りすぎてしまうんです。次の項目に1つでもあてはまる人は、注意が必要。子どものルーズさにいつもイライラしているなどの傾向があれば、とくに要注意です。

☑駅の乗り換えでは、スムーズな降車位置を必ず確かめる
☑電車での移動中はつねに、スマホを見たり本を読んだりしている
☑仕事でも遊びでも、約束の時間に遅れることはまずない
☑外出するとき、子どもの支度があまりに遅いとついイライラする
☑前日に準備せず、朝慌てる子どもにいつも注意している
☑予定外の電話や遊びの誘い、仕事の依頼に困惑してしまう
☑休日にゴロゴロしている夫（妻）を見ていると、腹がたつ

Lesson 085

月に1回でも、子どもを夫に任せ、こんな休日を過ごせたら最高。

長い子育て生活には、休憩や回り道も必要

効率主義の人は、仕事でも高いパフォーマンスを発揮します。

でも、子育ては仕事とは違います。子どもは思うようにならない生きものです。やることの多くは非効率的で意味不明。そんな子どもと20年前後の時間を、同じ家で過ごすんです。効率や合理性を軸にものごとを考えていると、イライラの連続になるでしょう。

毎日の行動を、あえて時間をかけてとり組んでみてください。15分程度で食事を食べ終えているなら、30分かけて食べる。子どもとの帰り道に、回り道を楽しむなどです。目的のない時間を意識してつくるのもいいですね。これこそぜいたくな時間です。「よーし、これから無駄な時間だ！」と布団にダイブして、やりたいことを考えるのもよし。歌を歌うのもいいでしょう。何も持たずに外に出て、マインドフルに歩くのもおすすめです（→P150）。

ゆとりをもって過ごした時間、目的なく過ごした時間を、P197の要領で1日1つ書き留めてみて。寝る前に頭のなかで思い出すだけでもかまいません。効率が悪くても生活には困らないし、むしろ子どもと楽しく過ごせることに気づけるはずです。

「何とかなる」精神の人は、慎重にやれたことを書く

計画が苦手で、「またやっちゃった！」という人に

完璧主義や効率主義の人とは逆に、計画性がなく、おおらかな親もいます。次の項目にあてはまる人は、そのタイプです。

☑子どもの学校の提出物を、よく忘れてしまう
☑子どもの送り迎えに遅れることが多い
☑子どもに頼まれていたことや約束を忘れて、泣かれたことがある
☑仕事でも提出物を忘れ、人から指摘されることがある
☑休日の外出で、予想以上に支度に時間がかかり遅れることがある
☑忘れものをしたり、家のなかでもしょっちゅう何か探している

「何とかなるさ！」精神で行動できる、おおらかで楽しい親だと思います。でも問題は、子どもが同じタイプとはかぎらないこと。大人にとっては「大勢《たいせい》に影響なし」と思えることが、子どもの小さな世界では大問題だったりします。神経質だったり心配性だったりする子には、まあまあのストレス。「ママは私の気持ち、全然考えてくれない」と思われるのもつらいですよね。親子で自己肯定感を高めるには、計画性を少し高められるとよさそうです。

Lesson
086

翌日必要なものや
着る服を、全部
出してから寝た
1日のタイム
スケジュールを決めて、
予定をこなせた！
学校のプリントがない
か見直して、提出遅れ
を防げた
やればできた！

メモを見返すと、「やればできた！」が実感でき、行動を変えやすくなる。

子どもと一緒に計画を立て、協力しあうのもいい

毎日がバタバタで自分でも疲れるくらいなら、1日のタイムスケジュールを見直してみましょう。とくにバタバタしがちな時間に注目。「あと15分早く起きたら、朝も慌てないかも」「子どもも安心して支度できるかも」などの修正点を考えます。子どもを巻き込むのもアリ。いつものタイムスケジュールで困りごとがないかを聞き、一緒に計画を立てて協力しあいましょう。

服装に悩むなどで朝の支度に時間がかかるなら、明日着るものを前日にすべて出しておきます。遠出や旅行の支度も、「朝やればOK」ではなく、前日までにすませておくと家族も安心です。

学校の提出物は、受け取ったらすぐ、スマホのスケジュールに期日を記入。これだけでも提出忘れを防げます。

このような行動を1日1つでもとれたら、P197と同様にメモします。結果としてどうだったか、いつもと違う気分になったかも書き添えて。子どもや夫（妻）から何らかの反応があれば、あわせて書いておきます。少し計画的に、慎重にものごとを進めるだけで慌てずにすみ、子どもも安心できると気づけるでしょう。

目の前の小さな幸せを大きく喜ぶ

健康で、ごはんが美味しいだけでも、十分幸せ

妊娠中や、出産直後のことを思い出してみてください。「とにかく無事に生まれてきて。それだけで十分」「健康に生まれてきてくれてありがとう」。そんな気持ちで胸がいっぱいだったはずです。

それでも日々の成長を見守るうち、「将来のためにもう少し勉強してほしい」「人前ではちゃんとしてほしい」「約束を守らせたい」などなど、さまざまな思いがわいてきます。どれも子どもの将来を思えばこそ。でも、子どもが自分の思い通りに動くことはありません。コントロールしようとすることで、自己肯定感も自立心ももてなくなるという問題もあります。多くを願いすぎれば、子どもにも自分にも失望することになるかもしれません。

ときには、生まれたときの気持ちを思い出してみてください。「すくすく健康に育ってくれてありがとう。それだけで十分だよ」と初心に帰るんです。健康で、美味しそうにごはんを食べているなら、それだけでも幸せなこと。その気持ちをときどき思い出すだけでも、「成功か失敗か」「十分か不十分か」という軸で子どもをジャッジすることが減るでしょう。

Lesson
087

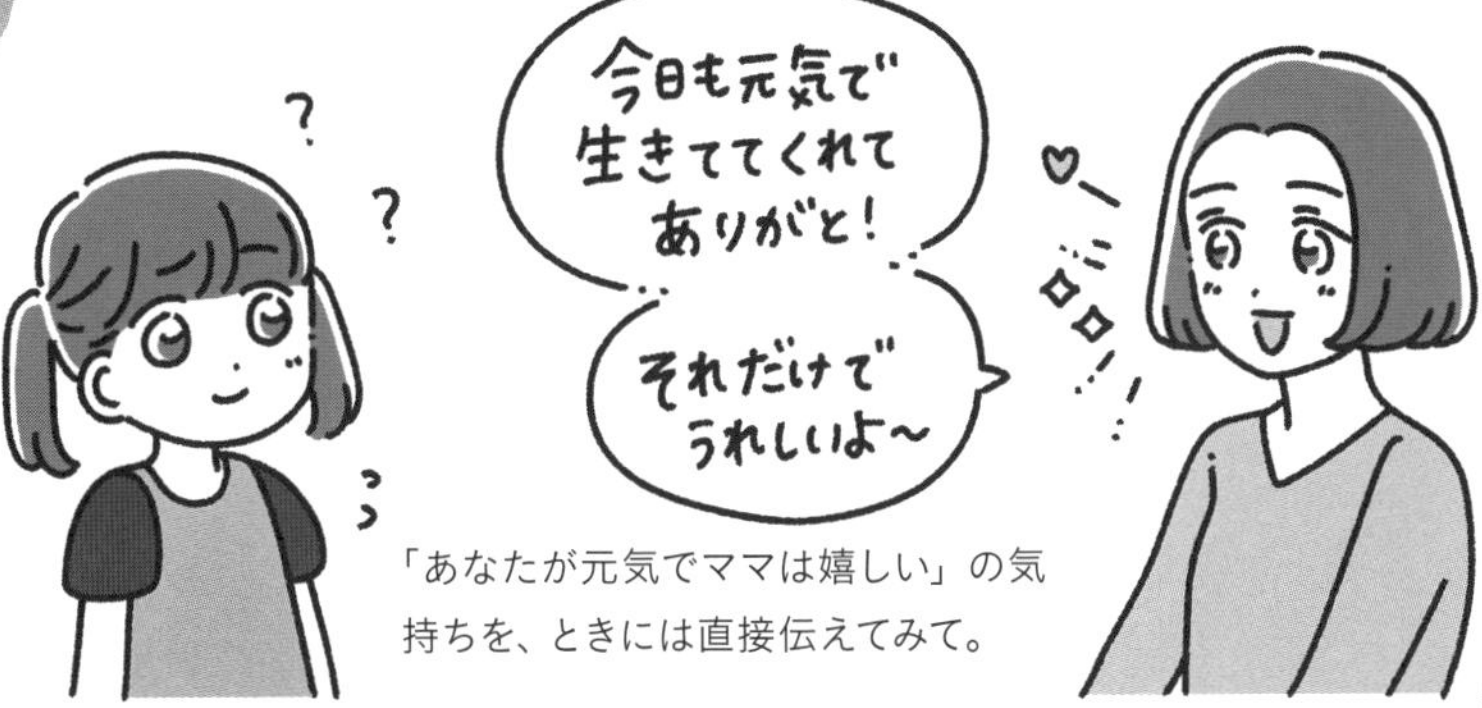
今日も元気で
生きててくれて
ありがと！
それだけで
うれしいよ〜

「あなたが元気でママは嬉しい」の気持ちを、ときには直接伝えてみて。

「今日も元気でいてくれてありがとう」の気持ちで

かつて私自身も、欲張り病にかかって、心が折れたことがありました。イギリスの大学で心理学を学んでいたころのこと。「どうせやるなら、人よりいい結果を」と強く意気込んでいました。そのため成績はよかったものの、「もっと頑張らなくちゃダメ」「まだ足りない」という思いが頭から消えず、精神も身体も限界に。保育園のボランティアに向かう道で、一歩も歩けなくなってしまいました。そこから1か月間、心身の調子が戻るまで入院し続けていたんです。

退院したときはイースターの時期。空が青くて、たくさんの花が咲いていて。春の空気が訪れていました。「きれいだな」の思いとともに、「こんな景色も何も見えなくなってた」と気づいたんです。目の前に当たり前にあるものを、普通に感じられるって、それだけで幸せ。健康だし手足も動くし、友だちもいる。何ももってないと思ってたけど、たくさんのものをもってると気づかされました。

いまはウクライナの避難者の支援もしていますが、話を聞くたびに、目の前の小さな幸せのことを思います。普通に朝起きて、普通に子どもに怒ったりできる。それだけで幸せじゃないですか？

夫婦はチーム。1人で抱え込まないで

ワンオペ育児はつらい。誰かに支えを求めよう

夫の側は、「送り迎えをしょっちゅうしてるし、休日も外に連れていっている」と自信満々。一方の妻は、「送り迎えと休日の外出だけで、子どもが育つと思うのか！」と内心イライラ。多くの家庭で見られる光景ではないでしょうか。

とくにいまの子育て世代は、価値観の変化にさらされています。自分たちが子どものころは、夫は仕事、妻は家事・育児が当然の時代。でも、いまは違います。だからこそ、夫にはもっとやってほしい、手伝い程度じゃ不十分、という思いが妻側に生まれます。

そんななかで生まれた、「ワンオペ育児」の言葉。カウンセリングにも、仕事しながら家事に育児に奮闘するママたちが日々訪れます。自分もクタクタなのに、子どもの行動に悩み、もっと自分にできることがあるんじゃないかと胸を痛めているんです。

この状況を脱するには、1人では限界があります。夫にも状況としんどさを率直に伝え、チームとして育児を担える環境をめざしてください。シングルマザーの人、夫が単身赴任中という人は、周囲に1人でも多くのサポーターが必要です。

キャパがせまいから、
ひとつずつ話すと
いいかも
具体的に言えば、
ちゃんとやるよ
そっか…

育児のことで夫に見えていない部分があれば、あとでさりげなく伝えて。

「育児は母親の仕事」という夫にも、手立てはある

夫の育児や家事は、最初からうまくはいきません。「結局自分でやり直さなきゃいけなくて、ストレス」と感じることもあるでしょう。でも、そこであきらめては、チーム育児は困難です。うまくできている部分と、もう少し直してほしい部分を具体的に伝えながら、上達するのを待ちましょう。

わが家でも、最低限の配慮をしつつ、夫にアドバイスすることがあります。たとえば、夫が長女に何かを注意していたとき。懸命に長女と向き合い、思いを伝えているのですが、長女には内容が伝わっていない様子。夫には、「あの子はキャパがまだせまいから、1つずつ言わないとパニックになっちゃうよ」と、あとからアドバイスしました。最低限の配慮をしながら、やりかたや意見をすりあわせていくと、双方の負担が減っていくのではと思います。

「育児は母親の仕事」と考える男性も当然います。その場合はもう1人の息子と思って相手を立てたり乗せたりして、やってもらうのも手です。「私よりうまいから、またやって！」などが効果的かもしれません。妻側の負担をさりげなく減らしていきましょう。

別人格の人間として、子の人生を尊重する

考えや希望が違うのは当然。なるべく尊重を

　成長過程であっても、子どもは親と別の人格をもった1人の人間です。指示や命令で言うことをきかせるべき相手ではありません。行動を変えてほしいときは、親の考えを伝えつつ、子どもの考えもしっかり聞いて。そのうえで話し合って決めます。

「まだ未熟なんだから、正しいやりかたを教えないと」「甘やかしているとまともな人間にならない」と考える人も、なかにはいます。「親＝正しいことを知る上の立場の人」「子ども＝正しいことを知らない下の立場の人」と、上下で考えていませんか？　日本は昔の家父長制の影響があり、その影響が残っている部分もあります。けれど、指示・命令で言うことをきかせていると、自己肯定感も自立心も育ちません。思いをちゃんと受け止めたうえで、相手を尊重しながら話し合うことが大切です。

　子どもを管理したり、コントロールしようとすると、親も疲れます。子どもの悩みをすべて把握する必要もありません。「あなたにはあなたの人生があるもんね」と一線を引いたほうが、ゆとりをもって子どもにかかわれます。

そういう仕事は
大変なんだよ
せめて、いい大学に
行っておいて…
だって、
やりたいんだもん！

親の意見を言うのはもちろんOK。でも、子どもには子どもの意思がある。

「自分で選んだ人生」が、いちばん幸せ

子どもの未来を思い描いて、「こんな職業についてほしい」「そのためにはこのくらいの大学に」と考える人もいるでしょう。それもあくまで親自身の希望。強制しないようにしたいものです。

親がそう思うのにはいろんな理由があります。いい大学を出て、それなりの収入で働く人は、子どもにも自分と同じような人生を送らせたいと考えるかもしれません。「自分は苦労したから」と、子どもにはいい大学、いい職業をと願う人もいますね。周囲のプレッシャーや世間体で、「いい仕事につかせたい」と考える人もいます。

そのために中学受験や留学をさせたり、幼少期から英語やバイオリンを習わせたり。どれも悪いことではありません。でも、親の期待に懸命に応え続けることで、どこかでポキッと心が折れる子もいます。そのような可能性があることも心に留めておいてください。

日本人2万人への大規模調査では、幸福感に強く影響するのは、学歴でも収入でもなく「自己決定」と報告されています。進学先や就職先を自分で決めてきた人のほうが、不安感が低く、その後の人間関係も良好なようです（Nishimura K&Yagi T, 2019）。

子どもにかかわる悩みは、SCにどんどん頼って

人に頼れるのは、弱さではなく強さ

日本には、心の専門家に頼ることに抵抗をもつ人が多くいます。でも、カウンセラーに気持ちを話すのは、欧米ではごく一般的。はずかしくも何ともありません。「スクールカウンセリングは、問題児やその親が受けるもの」という理解も、もちろん誤りです。子どもに関する悩みがあるときは、親だけの来談でもいいので、いつでも頼ってください。

つらいときに人の助けを借りるのは、生きるために必要な強さです。子どもも、親のそのような姿勢を見て、人の助けを借りることを学んでいきます。

離婚による子どもの変化なども、相談してOK

スクールカウンセラー（SC）の対応範囲は、子どもにまつわる悩み全般です。「離婚後、子どもの様子が変わって心配」などの相談に乗ることもできます。子どもの別の問題で面談に来ている親から、「離婚したい気持ちもあるけど、子どものためには……」といった悩みを聞くこともあります。

一方、純粋な夫婦関係の悩みなどは、規則上、スクールカウンセラーが相談に乗ることはできません。カップルカウンセリングなど、別の専門家のもとを訪ねてください。

PART 5

子育ての“困った”に応える！

未来先生のおなやみ相談室

学校に行くのをいやがったり、発達障害かもと思える
行動をとったり……ときには親の手に余る行動や、
不安になる行動もあるでしょう。
カウンセリングでもよく聞かれる悩みについて、
一緒に考えてみたいと思います。

Question 1

コロナ禍以降、いろんなことを不安がるようになりました

人との接触が減り、経験から学ぶのが困難に

この変化は、学校現場でも強く感じています。新しいことにチャレンジするのが不安な子、自己主張せずに大人の言いなりになる子、無気力な子が増えました。

でもこれは、3年間のコロナ対策の当然の帰結かもしれません。子どもは大人の感染対策に振り回され、自由を奪われてきました。楽しみな修学旅行がなくなり、「やっぱり行ける」と思ったら、直前で見送りになったり。大人も必死で子どもを守ろうとした結果ですが、子どもにとっては、「大人に振り回された」「自分たちの楽しい時間を返して」というのが本音でしょう。

経験を積む機会を奪われれば、新しいこと、知らないものに不安になるのは当然ですよね。友だちと楽しく過ごしたり、衝突したりする機会が減ったぶん、対人不安をもつ子も増えています。これから徐々にいろいろな経験を積み、自信をつけるしかありません。3年間の経験不足による心の変化ですから、3年はかかると思って、長い目で見守って。人とかかわりながら葛藤したり、不安や困難に立ち向かう心の体力がつくよう、少しずつ背中を押してあげましょう。

Answer 1

生活が大きく変わった3年間。時間をかけて回復を見守ろう

アドバイスは不要。まずは思いを受け止める

不安を訴えるときは、まず否定せず受け止めてあげてください。親だってこの3年間は、不安な思いを抱え続けてきたはず。思いをそのままに傾聴し、「そっか、不安なんだね」「気持ちわかるよ」と理解を示します。気持ちを認めてもらえるだけで安心感が生まれ、自分の不安に徐々に向き合えるようになってきます。

反対に、「そんなのみんな同じだよ」「不安だからっていつまでも逃げているわけにはいかないよ」などのアドバイスは避けて。背中を押すつもりでも、子どもは「否定された」と感じてしまいます。

コロナ禍以降、学校に来られなくなる子も急激に増えました（次ページ参照）。最大の原因としてあげられているのが、「無気力・不安」。いじめなどが原因で「どうしても行けない」子とは違い、「できれば行きたくない」という消極的不登校とされています。人と人との距離が広がるなかで、不安や悩みを人に相談できず、1人で抱える子が増えたという指摘もあります（文部科学省、２０２１）。その意味でも、親が最大の理解者として思いを聞き、受け止めてあげることが大切ではないかと思います。

コロナ禍の影響は、不登校の数にも表れている

「学校に行きたくても行けない」状態が、30日以上続くと不登校。
新型コロナウイルス関連やその他の病気、経済的事情は除く。

不登校の子どもの数

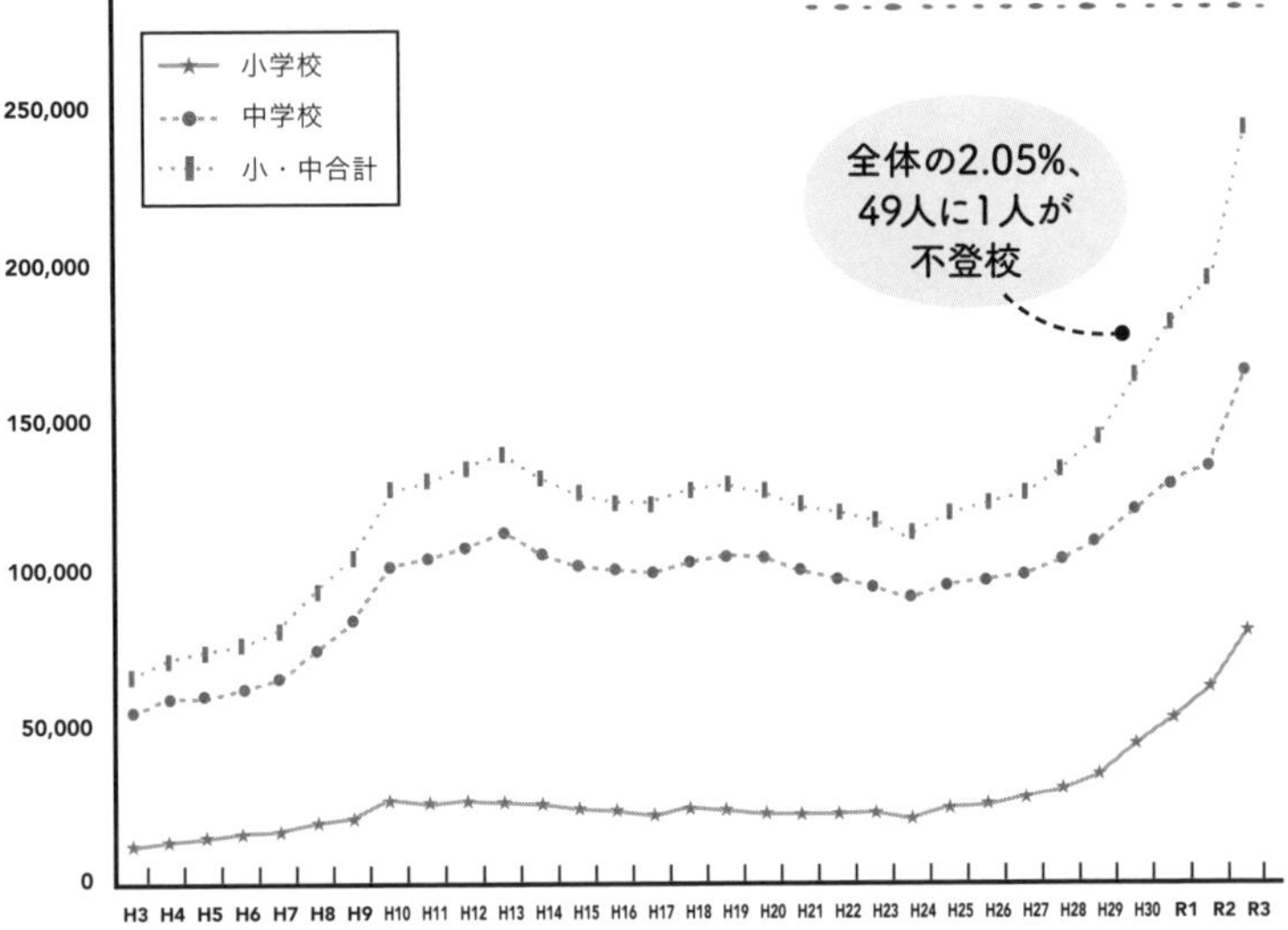

（人）
300,000
250,000
200,000
150,000
100,000
50,000
0
小学校
中学校
小・中合計
全体の2.05%、49人に1人が不登校
H3 H4 H5 H6 H7 H8 H9 H10 H11 H12 H13 H14 H15 H16 H17 H18 H19 H20 H21 H22 H23 H24 H25 H26 H27 H28 H29 H30 R1 R2 R3

緊急事態宣言が出て、学校生活が制限された令和2年には、前年比で8.2%も不登校が増加。

不登校の要因

本人にかかわる要因

- 無気力・不安　49.7%
- 生活リズムの乱れ、遊び、非行　11.7%

学校にかかわる要因

- いじめを除く友人関係をめぐる問題　9.7%
- 学業の不振　5.2%
- 入学・転編入学・進級時の不適応　3.3%

家庭にかかわる要因

- 親子のかかわりかた　8.0%
- 家庭の生活環境の急激な変化　2.6%
- 家庭内の不和　1.7%

不安な子が増加し、
不登校の原因に！

無気力・不安が背景にある子がもっとも多く、約半数を占めているとわかった。この割合も、コロナ禍前より上昇している。

（「令和3年度　児童生徒の問題行動・不登校等生徒指導上の諸課題に関する調査結果」文部科学省より作成）

行ってみたいけど、
知らない子がたくさん
来るのが不安なんだ…
そっか
そっか

「できたらいいな」と思うこと、それにともなう不安に、耳を傾けて。

2つの方法で、不安と徐々に向き合っていく

不安への向き合いかたには、2つの方法があります。

1つは、スモールステップ（↓P101）でのチャレンジ。強い不安をともなう行動にいきなり挑戦しようとすると、思わず逃げ出したくなります。これが「回避行動」で、回避行動をくり返すほど、新たな挑戦が怖くなるんです。まずは少し頑張ればできそうな行動から始め、「不安だったけど、やってみたらできた！」という成功体験をたくさん積ませてあげてください。徐々に自信がつき、やがては大きなチャレンジもできるようになります。P78の気持ちカップで、不安の強さを確かめながら試していくといいでしょう。

もう1つの方法は、不安の内容が事実かどうか確かめる「行動実験」です。たとえば友だちがほしいのに、「仲間に入れてもらえないかも」という不安がある場合。習いごとなどで、いちばん話しやすそうな子に話しかけてみます。その結果、「相手もニコニコ話してくれた」となれば、現実的な不安ではないとわかります。

ただし強制は禁物。子どもの意欲とペースにあわせ、無理のない範囲で試していってくださいね。

Question 2

夏休み明けに、急に「学校行きたくない」と言い出しました

「えっ、このまま不登校⁉」と、親の妄想は広がる

「夏休み終わっちゃった。学校やだな～」くらいなら、親も心配しませんよね。私たちも夏休み明けには、同じ気持ちを味わったはず。大人になったいまだって、月曜の朝はゆううつなもの。この場合は、「そうね、夏休み終わるのさみしいね」ですみます。

では、あきらかに元気のない様子で、登校初日やその前夜に言われたら？　これはドキッとします。「このまま明日も明後日も行けなかったら？」「不登校や引きこもりになったらどうしよう」と、妄想がエスカレート。休ませるか迷ってしまうかもしれません。「仕事があるのに困ったな」という、親側の事情もあります。

まずは落ち着いて、子どもの心と向き合ってください。行かせるか休ませるかを決めるのは、そのあとです。

ただし、「なんで」という言いかたはNG。ただでさえつらくなっている子どもを萎縮させてしまいます。「ママも一緒に考えたいから」「あなたのことをわかりたいから」と伝えたうえで、少しくわしく聞いてみましょう。この問いかけなら子どもも心を開き、安心して話せるはずです。

Answer 2

「あなたのことわかりたいから、もう少し教えて」と聞いてみて

聞いたからには、否定せずに最後まで聞こう

気持ちを話してくれたら、おだやかな態度で相づちをうちながら、最後まで聞きます。「何でそんなこと考えたの」などと横やりを入れるのは避けて。「それは考えすぎなんじゃない」と否定するのもやめましょう。気持ちを話してほしいとお願いしたのは親側です。最後まで肯定的に聞くことに徹してください。

とはいえ、本人にも理由がよくわからなかったり、言葉でうまく表せないかもしれません。わからない部分は、もう少し尋ねてみることも大事。たとえば友だち関係の悩みの場合。「3日前にみんなと会ったとき、なんかやだった」と話してくれたとします。これだけでは、何に引っかかっているか見えてきませんね。「もう少し何かある?」「どんな感じでイヤだったのかな」と尋ねてみましょう。

このとき、子どもと同じ目線に立つことも大切です。大人には経験値がありますから、「そのくらい平気でしょ」などと考えがち。でも子どもはまだ経験が少なく、同じようには受け止められません。子どもに戻ったつもりで、子どもなりの苦しみやしんどさ、不安、葛藤があるんだなと、共感的に受け止めましょう。

じゃあ、今日は
どうしよっか
休む？
うん、
休む…

ここは大事な場面。「とりあえず行きなよ」と無理強いせず、最終決定は子どもにゆだねて。

休んだときは、明日のことを確約させない

行きたくない理由をくわしく聞いたとき、「わかんない」という子もいます。年齢が低いうちはとくに、自分の気持ちを言葉で表現できない子もたくさんいます。「いまは本当にわかんないんだろうな」と、子どもの言葉を信じてあげてください。

このように話を聞く目的は、子どもが置かれた状況と、子どもの思いを知ることです。「そのくらいなら行けるでしょ」「休む理由にはならないよ」とジャッジするためではありません。行くか行かないかの最終決定をするのは子どもです。「じゃあどうしたい？　今日は休む？」と自然に尋ねてみてください。休むと決めたら学校に電話し、ゆっくり休ませます。親はそのまま出勤してかまいません。

気をつけたいのが、「明日は行こうね」と約束させないこと。子ども自身も、学校に行けない自分に困惑しています。明日の状態は、明日にならなければわからないんです。

休んだ日は、好きに休ませてあげましょう。マンガを読んだりお菓子を食べたりしてもOK。普段通りのルールで過ごさせます。親の帰宅後も、明日の約束を迫ることは避けてください。

Lesson
091

こんなときは、無理に行かせないで！

玄関から出すと つらくて泣いてしまう

支度させて家から出しても、泣きじゃくるばかりで登校できないとき。

起こしても、どうしても起きられない

起こすと目を開けたり、一度は起き上がるけれど、それ以上動けない場合。

腹痛で、トイレから出られない

本当におなかが痛くて下痢しているなどの可能性が高く、登校は無理そう。

翌朝の顔を見て、行けるかどうか話し合いを

肝心なのはその翌朝です。顔色や雰囲気をよく見てください。1日休んでしっかり寝て、リフレッシュできたでしょうか？　それとも今日も顔色がさえず、無理そうでしょうか。スクールカウンセラーの経験上、こうした親の勘はだいたいあたっています。

顔色が比較的よければ、「今日は行けそうかな？」と聞いてみて。初日と違い、軽く背中を押してみるのがポイントです。軽くジャブを打つイメージですね。一緒に行くなどしてとりあえず登校し、スクールカウンセラーや担任に相談させるのも手です。行かせる方向でかかわったほうが、状況を解決できる可能性は確実に高まります。

一方で、本気で行きたくないとき、行けそうもないときは、全力で抵抗してきます。この場合は休ませるほかありません。上記のようなケースも同じ。無理に行かせることは避け、早めにスクールカウンセラーに相談します。親だけで相談に行くことも可能です。

仮に数日行けなくても、そこで終わりではありません。ピンチはチャンス。葛藤やしんどさに立ち向かういい機会です。また立ち上がって前に進むことができたら、それだけ強くなれるはずです。

Question 3

授業中に動き回ってるみたい。もしかして、発達障害？

45分ものあいだ、静かに座ってるだけでスゴイ！

子どもたちはよく、45分、50分もじっと座っていられるなというのが私の本音。それも5時間目、6時間目まで。子どもはそもそも動き回るものなんです。授業が楽しい場合もあると思いますが、それでもよく頑張っているなと感心します。授業中に動き回るのは、先生の授業を「つまらない」「わからない」「めんどくさい」と思っている可能性もあります。その情報だけで発達障害を疑うのは早計でしょう。

先生に「授業中動き回っていて、少し困っています」と言われたら、ほかの場面ではどうかを尋ねてみましょう。昨年度まではどうだったかの継続性、経時的変化も大事な情報です。発達障害の特性がもしあるのなら、以前から、ほかの場面でも動き回っているはず。それにも該当するなら、「ほかにも集団行動がむずかしい部分がありますか」と、さらなる情報収集をします。昨年度までは問題がなく、いまも授業場面でしか動き回らないなら、それは授業のありかたのせいかも。「家では座ってますけど、学校ではそんなに動き回ってるんですか!?」と、先生にそれとなーく伝えましょう。

Lesson
092

Answer 3

子どもは動き回るもの。まず落ち着いて、情報収集を

家での様子は？　どんなときも落ち着きがない？

先生が困り感をもっているかどうかも、得ておきたい情報です。「席に戻ってね」などの言葉がけをしても、言うことをきいてくれない。ほかの子の筆記用具を勝手に使ったり、授業中に話しかけるなどして、周囲にも困り感がある。こんなエピソードがあれば、発達障害を疑う情報となります。

自宅でも落ち着きがなく、状況にそぐわない行動をするなら、その点を伝えて。先生を交えて、「家でできること」「学校でできること」を話し合いましょう。目的は、学校や日常での困りごとを減らすために、何が助けになるかを考えること。「環境調整で注意がそれにくいようにする」「一度にたくさんのことを伝えない」などです。最近ではつまづきばかりに目がいき、発達障害を安易に疑うこともありますが、診断以前にできることがあるはずです。

その専門家が、スクールカウンセラーや通級（通級指導教室）の先生などです。担任経由でこうした専門職も巻き込んで、できるだけ多くのアイディアをもらってください。「チーム学校」として、その子のためにできるかぎりの支援をします。

発達障害の種類

限局性学習症（LD）

IQは一般的な範囲だが、「読字」「書字」「算数」のどれかがむずかしい。

自閉スペクトラム症（ASD）

状況や相手に応じたかかわりかたが苦手。特定の行動へのこだわりも。

注意欠如・多動症（ADHD）

「不注意」「多動性」「衝動性」が3大症状。結果としてミスをしやすい。

診断が必要と思うなら、一度検査を受けてみる

子どもを専門医に見せ、発達障害の診断を受けたいという親は、増加の一途をたどっています。数か月待ち、半年待ちの予約は当たり前。メディアでさかんにとり上げられたことも影響しています。

診断を受けさせるべきかどうかは、関係者のあいだでも意見が分かれるところ。教師は受けさせたほうが指導しやすいと考えますが、専門医は、必ずしもそうは考えません。むしろ性格特性や行動特性に過敏になりすぎ、診断を求める親を心配する向きもあります。スクールカウンセラーとしては、診断よりも、「何が助けになるか」「その子のよさを引き出すには」と考えます。

ただ、診断がつくことで、その子の行動が理解しやすくなったり、親側の受け入れが進んだりすることもあると思います。その場合はスクールカウンセラーに、信頼できる精神科医を紹介してもらってください。

受診するときは、学校での様子、家庭での様子をくわしく伝え、「検査を受けてみたい」と話します。聞きとりと検査結果から、必要なら診断をしてくれるはずです。

Lesson
092

やることを
ひとつずつ書いて…
目で見てわかる
工夫を…

困りごとを減らすためのアドバイスを専門家にもらい、家庭で実行する。

障害の有無より、その子のための支援の形を考える

たとえばＡＤＨＤで、頭のなかが混乱しやすかったり、気分が不安定になりやすいなら、薬を飲むと落ち着くことも。しかしそれ以外の困りごとは、薬では解決しません。必要なのは心理的・行動的なサポートです。診断が必須ではないというのはそのためです。１人１人の特性にあわせて、その子がうまくやっていけるコツを見出し、支援する。それが発達障害の支援の最終ゴールといえます。

学校でも家でも、落ち着いて勉強にとり組みやすい環境をつくりましょう。情報の整理が苦手な場合には、シートなどでやるべきことを順に明示するのが有効です。通常学級に通う場合は、特別支援教育支援員にもときどき様子を見に来てもらうと安心。勉強でわからないところのフォローや、落ち着いて過ごせる座席調整など、さまざまなサポートをともに考えられるかもしれません。

あとは親自身が、特性を受け入れて応援することです。親が願っていた人生とは少し違うものになるかもしれません。でも、それはあくまで親の願い。視点を転換し、「この子が幸せに生きられる方向は」と考えて、子どもが主役の人生に伴走していきましょう。

Question 4

インスタで仲間外れにされたみたいで、心配です

「こうしたら？」と、ついアドバイスしたくなる

いまは多くの子が、インスタをはじめとするSNSを使っています。そこでのいじめもメディアで取り沙汰され、親の不安要因の1つに。実際に落ち込んでいる姿を見ると、心配にもなるでしょう。

親がすべきことは、ほかの問題の場合と同じです。まずはその子の気持ちを受け止めてあげることです。「わかってもらえた」という感覚こそが、自己肯定感の土台。「それは傷つくよね」「悲しかったね」の言葉で寄り添います。その結果、悩みにじっくり向き合う「我慢力」もついてきます。

ほとんどの親が、SNSに関する自分なりの対処法をもっているはず。「グループチャットは避けて個人間のやりとりだけにする」「ツイッターでは厄介な人をブロック」など、いろんなバリエーションがあります。子どものころに友だちとケンカしたり、仲間外れにされた経験から、親として言えることもあるでしょう。でも子どもは、親と違う人格をもった1人の人間です。同じ対処でうまくいくとはかぎりません。自分なりに葛藤し、乗り越えることも貴重な経験。アドバイスはせず、理解して寄り添うことに徹してください。

Lesson
093

Answer 4

どうすべきかを話すより、まずは思いを聞いてあげて

どんな自分でいたいかを、考えるきっかけに

子どもの心にチューニングをあわせ、子ども自身の意見を聞いてみましょう。友だちとどうしたいか、どんな関係でいたいかの意思決定をさせることは、目の前の問題への対処に有効な視点です。

近視眼的にならず、どんな自分になりたいか考えることも大切。意地悪な子がいるなら、すぐに返信しないなど、距離を置いて静観するのも1つのありかたです。いざこざに巻き込まれ、消耗することも減るでしょう。ただ、それも子ども自身が決めるべきこと。「その友だちみんなともう一度なかよくしたい」「ずっとつながっていたい」というのなら、その思いを受け止めます。こうした対人葛藤を経験し、乗り越えることは、将来の糧となります。悩みを相談できる関係でいられれば、親としてはそれで十分だと思います。

なお、年齢が上がれば上がるほど、対人関係の悩みを話さなくなってくるものです。「あなたがつらそうなの、ちゃんと気づいてるよ」「話したいならいつでも話してね」という思いをそっと送り、見守りましょう。解決したあとは、「あのときはつらそうだなと思ってたけど、それでも頑張ってたよね」とねぎらってあげてください。

Question 5

きょうだいでケンカばかり。お兄ちゃんらしくしてほしい！

「お兄ちゃんらしく」の言葉は、上の子にはつらい

「お兄ちゃんらしく」「お姉ちゃんらしく」という言葉は、子どもにとってつらいものです。たまたま先に生まれただけなのに、我慢しなきゃいけなかったり、下の子より優れてないといけなかったり。多くの子が、下の子に対して「ずるい」と感じています。

お兄ちゃんだって、まだ懸命に成長している最中です。何でもできるわけではありません。親には自分を最優先に考えてほしいんです。「丸ごと愛されている」「受け止めてもらえている」という安心感なしには、下の子にもやさしくできないでしょう。

下の子が生まれるとついかかりきりになりますが、上の子との2人きりの時間もつくってあげてください。小学生までは、ハグなどのスキンシップもたくさんとって。「大好きだよ！」と言ってぎゅーっと抱きしめてあげれば、短時間でも愛情は伝わります。習いごとの送り迎えの時間なども、ぜひ有効に使いましょう。その日あったことを聞いて、楽しくおしゃべりして過ごしてください。「何かあったら、〝ママ聞いて〟って言って。どんなときでも、あなたの話をいちばんに聞くから」と伝えておくのもいいですね。

Lesson
094

Answer 5

生まれ順で役割を決めず1人1人と向き合いましょう

ケンカをくり返すことで、対人調整力がつく！

きょうだいゲンカについては、気にすることはありません。学校でも「みんななかよく笑顔で」と言われますが、人間関係にケンカはつきものです。「ケンカはよくない」という考えを捨て、存分にケンカさせてあげてください。どちらかが一方的につらい思いをしているとき、ケガの恐れがあるときなどを除けば、介入はいりません。

私たちの子どものころも、しょっちゅうケンカをしませんでしたか？　きょうだいゲンカはもちろん、友だちとも日常茶飯事。男の子どうしなら取っ組み合いもしたかもしれませんね。女の子の場合は、「もう絶交ね！」が決まり文句でした。そして数日後にはまた、一緒に帰っていたりしたものです。言いすぎたと感じたら謝り、また笑顔でかかわることも、人間関係に欠かせないスキルです。

これを経験せずに大人になると、入社した会社などでうまく人間関係を築けず、ある日ポキッと心が折れることも。口当たりのいいことばかり言う薄い人間関係は、そんなリスクをはらんでいます。人との葛藤も、多少の理不尽さも、いまのうちに経験させておきましょう。

Question 6

「叱っちゃダメ」と言うけど、叱らないと何もしません

「叱って動かす」を続けていると、無気力になる

よく聞かれる悩みですが、じつはちょっと深刻かもしれません。この状態を続けていると、子どもはどんどん無気力になり、何に対してもやる気を失っていきます。イライラしている時間も増えるでしょう。

その原因は、自分で考え、行動し、喜びを感じる経験を積んでいないこと。身の回りのことだけでなく、勉強や習いごともそう。自分の力でとり組み、上手にできるようになることは、本来、子どもにとって喜びです。しかし、親がつねに行動を指示し、やらないと叱ることを続けていると、すべてに喜びが感じられなくなります。叱る行為には即効性があり、指示に従わせるには便利ですが、効果は長続きしないことを知っておいてください。

何でも先回りしてやってあげるのも同じこと。自分で考え、行動することができず、子どもは何に対しても達成感を得られません。「失敗するのを見ていられない」と思う親もいるかもしれませんね。でも、何かを学ぶのに失敗はつきもの。「どうやったらうまくできるかな」と自分で考え、試すための貴重な体験なんです。

Lesson 095

Answer 6

子どもの心がピンチかも……できている行動を、まずほめて

「朝ごはんできたよ〜」など、シンプルに伝えよう

子どもにやらせたいこと、望むことがあるなら、シンプルに伝えれば十分。するかしないかは本人しだいです。それを考えさせることが、子どもの自主性を育む第一歩です。

たとえば、起床時間に起こしてもベッドから出ず、朝食もとらない場合。「早く起きて！」「ちゃんとごはん食べて！」と何度言っても、状況は変わらないでしょう。自分の状況を考えて、自分のために行動する自主性がないままだからです。こんなときは、「朝ごはんできたよ。温かいうちに食べて〜」と、親の思い、希望を、普段の口調で伝えましょう。その結果、本当に起きてこなくても、それは本人の問題です。永遠に寝ていることはできないので、「そろそろやばい」「学校行かなきゃ」と考えて、動き出すはず。親の強制がなくなれば、自分で考えざるをえないからです。

できた行動に注目し、ほめることも大切に。「叱らないと何もしない」と言っても、自分で考えたり、動いていることが何かはあるものです。それを敏感にキャッチし、「それいいね〜」「上手だね」などとひと声かけると、望ましい行動は自然と増えます。

Question 7

自分で望んだ受験なのに、遊んでばかりいます

いつから頑張ればいいか、本人もわからない

これには大きく、2つの理由が考えられます。

1つめは、時間感覚が発達していないこと。たとえば1時間あれば何ができるか、大人は肌感覚で理解しています。だからこそ、仕事もコツコツと進め、締め切りに間に合わせられるんです。でも、子どもはその感覚が不十分。そのうえ受験自体が初経験です。いつから本気を出せば間に合うのか、本人もわかっていません。

そのため熱心な親は、受験当日までのスケジュール表をつくったり、塾通いの頻度を調整したりするでしょう。一緒に勉強しようと、受験生ばりに頑張る親もいます。

もちろん各家庭の方針ですから、それも自由です。ただ、ここまで親が仕切ると、子ども自身が考え、ものごとを進める力は育ちません。受験に受かっても、「考えて努力して、成果を出せた」という本物の自信にはならないかも。どこかの段階で親が主役となり、子どもは従う側に回ってしまうんです。

親はあくまでサポート役。「まずは1日3問解くことから始めよう」程度が、親にできる適度な助言だと思います。

Lesson 096

Answer 7

つい遊んじゃうのは、時間感覚が未発達なせいかも

受験に対して、気持ちが変わることだってある

受験勉強をしないもう1つの理由は、気が変わったこと。小学生の子どもはとくに、友だちの意見や行動に左右されます。「友だちが受けると言ったから、私も」という動機も多いんです。

実際にやってみたら、思いのほか大変だったり、意欲も楽しさもわいてこなかったり。そんな理由ですでに気持ちが離れてしまっている可能性があります。

まずは一度、子どもの気持ちを確認してください。このとき、受験したい理由も話し合います。「友だちもするから」という理由だけでは、なかなか頑張りきれないからです。遊びのほうが楽しいという子とは、遊びとのバランスのとりかたを一緒に考えます。

「やっぱりもういい」と言い出す子もいるでしょう。応援してきた親はつい腹をたて、「あなたが受けたいって言ったんじゃない!!」と言ってしまうかもしれませんね。でも、一度言いたいことを言えば、少しスッキリするかも。あとは本人の意思に任せるほかありません。

ここで無理に説得しても、本人はすぐにやる気をなくします。そのくり返しに気づいたら、親側の心の整理のつけどきです。

Question 8

ゲームに夜中まで夢中……このままで大丈夫？

ほうっておくと、心身の健康を守れない

ゲーム依存の言葉を、メディアでもたびたび目にするようになりました。これってただの脅し？　いえいえ、事態は深刻です。

依存症というと以前は、アルコールや薬物などの物質依存をさしました。でも、ギャンブルやゲームなどに過剰にのめり込んだときも、物質依存に似た脳の異常が起きると判明。快楽を感じる報酬回路が活性化し、特定の行動による快楽を追い求めるようになります。

いまの時点では、依存症とまではいえないかもしれません。でも、夜中まで夢中というのはやっぱり心配。子どもの心身の成長にとって、睡眠は何より大事です。ネットやゲームに夜中まで夢中になっていると、翌朝起きられず、何も意欲がわかない状態に。こうした生活リズムの乱れから、学校に来られなくなる子もいます。

ゲームを買うときは、最初が肝心。「ゲームに使われるのではなく、ゲームを使いこなせるように」を合言葉に、「1日1時間半まで」などのルールを子どもと決めてください。それを超えたら「約束だからダメ」と話し、いやがってもとり上げましょう。ルールがない家庭では、守れる範囲のルールづくりで生活リズムをとり戻します。

Lesson 097

Answer 8

ゲーム依存にさせないよう、ルールを決めて遊ばせよう

オンラインゲームで、大人と知り合う子もいる

ゲームで問題となることが、もう1つあります。オンラインゲームを通じた出会いです。ゲームを通じて知り合った成人男性と話したり、ときには外で会ってしまう女子中学生もいます。

親にできるのは、現状を知ること。そしてゲームの使いかたを含め、日常的に話せる関係を築いておくことです。「ゲームでチャットしたりするよ」と話してくれたら、話をいろいろ聞いてみてください。いきなり全否定すれば、隠れて遊ぶようになるだけです。助言をするのはそれから。十分に理解し、内容を見たうえで、「これはちょっとまずいよ」と言えたらいいと思います。

なかには、オンラインゲームでなら人と楽しく話せる子もいます。以前にカウンセリングルームに来ていた女の子もそうでした。リアルのコミュニケーションは苦手なのに、ゲームの動画配信ではすごくいきいきしているんです。彼女の世界を知ることで、「あんなにいきいきと面白く話せてすごいね。リアルの世界でもやってみたら」と、現実の支援に役立てることができました。「あなたのことをもっと知りたい」という思いをもち、かかわり続けることが大切です。

Question 9

最近は何を聞いても、「うん」とか「大丈夫」ばかりです

成長とともに、自分の世界ができてくる

保育園や幼稚園、小学生のときは、「ママ聞いて！ 聞いて！」と目を輝かせていたのに、いつしかそれも終わるもの。思春期にもなれば、よく聞かれる悩みです。「ママ聞いて」攻撃も大変ですが、何も話してくれないのも寂しいですよね。

思春期にさしかかり、このような変化が見られたときは、自立の第一歩かもしれません。無理に心に踏み込もうとせず、変化を見守ってあげてください。

会話が減ったとしても、表情や声のトーンなどはよく見ておきましょう。いきいきと学校に出かけ、帰ってくるなら、ひとまずは安心。親よりも、友だちとのコミュニケーションを楽しんでいるのかもしれません。表情がくもっていたり、元気がないなと感じたら、「気づいてるよ」のサインを送りましょう。まずは、「なんか元気ない？」と様子うかがいを。「別に」と返ってきたら、「そっか。ちょっと元気なさそうに見えたから、心配して声かけちゃった」と、あっさり引き下がってください。これだけでも、「あなたを大事に思ってるよ。いつも見守ってるからね」の思いが届きます。

Lesson
098

Answer 9

思春期にはよくあること。自立の第一歩かも！

1人で抱え込んでいるなら、一緒の時間を増やす

思春期でもそれ以前でも、別の理由で気持ちを話さない子がいます。「親に話してもわかってもらえない」「心配かけたくない」と感じているんです。

これは一朝一夕に改善できるものではありません。時間をかけて、話しやすい関係づくりにとり組みましょう。まずは一緒にいる時間、同じ部屋で過ごす時間を、さりげなく増やすことから。テレビやネットに映るものを話題に雑談したり、「おなかすいたね〜」などの何気ない会話ができれば十分です。「一緒にいて安心できる」と感じてもらうことが大切です。

小学生ならスーパーへの買い物につきあってもらったり、中学生以上なら、お茶に誘うのもいいですね。「最近どうなの」のストレートな質問ではなく、世間話など、自然な雑談の機会を増やします。

まるで大人のようにえらそうなことを言う場合もありますが、子どもの考えを否定せずに聞くことが肝心。たとえ言っていることとやっていることが違っていても、子どもの考えを尊重して聞きましょう。

Question 10

自分は普通にできたことが、子どもにはできずイライラします

「できて当然」は、親の側のマイルール

気持ちはわかります。誰だって、自分を基準にものごとを見る癖がついています。でも、これはあきらめるしかありません。

性格も能力も含め、子どもは親とは違う1人の人間です。それを前提に、切り離して考えてみては。するとどんな子の行動も面白く感じられ、理解できるようになってきます。

たとえば低学年の子どもが、引き算問題が解けないとき。子どものなかに別の理屈があったり、文章問題の登場人物に感情移入していたのかもしれません。あるいは「引くって何!」と、意味理解でつまずいているのかも。こんなときは、「引く」の意味を知る自分の視点を脇に置いて、子どもの目にはどう映っているのか、好奇心をもって聞いてみましょう。「何を考えていたのかな」という思いで向き合えば、子どもなりの理由を素直に話してくれます。

「できて当然」というのは、親の側のマイルールです。それを子どもにあてはめていると、できないことばかりに目が行き、いつもイライラしてしまいます。「こんなこともできないと将来苦労する」なども、マイルールの押しつけの典型といえます。

Lesson
099

Answer 10

マイルールや先入観で子どもを見てしまっていない？

「親のほうが正しい」の信念を見直そう

「親の言うことは絶対正しい」も、親のイライラの背景にあるマイルール。親も子も苦しめる考えの1つです。試しに、このルールをもち続けることのメリットとデメリットを見てみましょう。

[メリット]
○自分が正しい前提で話ができ、心理的にラク
○子どもが失敗しないように、正しい道に導ける
○子どもに頼りにされて嬉しい、気分がいい

[デメリット]
○子どもが反発してくると、腹がたつ
○子どもの気持ちや意思を無視してしまう
○子どもが自分で考え、行動できなくなる
○つねに正しくないといけないと感じ、親も疲れる
○親が間違いを認めないせいで、信頼しあえない

メリットはゼロではありませんが、子どもの成長にも、親子関係にも悪影響とわかりますね。「親の考えは伝えるけど、やるかやらないかは子どもしだい」など、もう少しバランスのとれた考えに調整してみては。それだけで、自分と子どもは違う人間と実感でき、イライラも軽くなってきます。

Question 11

実家の親から、「甘やかしすぎ」と言われて困っています

私たちの親にも、それぞれのマイルールがある

子育てや家庭役割の価値観は、この数十年で大きく変化しました。私が子どものころは、父が外で働き、母は専業主婦。私の世話も家事もすべて、母の役割でした。翻って現在、専業主婦の割合は23・1％。現代の20代、30代の男性の7割は「夫婦半分ずつで家事分担したい」と考えています（内閣府男女共同参画局、２０２３）。

子どもとのかかわりかたも、両親世代とは違います。現代の親は、子どもを怒鳴ったりして従わせることの悪影響を理解しています。「親の言うことを黙って聞け」では、自己肯定感は育ちません。結果として多くの親が「ほめる」を意識するようになりました。教育心理学の知見が知られるようになったのも大きいと思います。

親世代がこれを見ると、違和感を覚えることも。母親が子どもと過ごす時間が少ないと、「かわいそう」と言う人もいます。子どものペースにあわせて行動したり、意思を尊重することが、甘やかしに映ることもあるようです。でも、これは親世代のマイルール。私たちは子どもとよりよくかかわる努力をし、子どもを誰よりも思っています。何を言われようと、そのことに自信をもってください。

Answer 11

子どもをよく知るのは自分たち。ほどよく聞き流そう

いちばんの理解者として、子どもの盾になる

ただ、日本の育児環境は十分ではありません。そのため実家の親、義理の親が頼みの綱ということも。私も週3回は、自分の実家で子どもの夕食をとらせてもらっています。母の理解と応援がなければ、好きな仕事に全力で打ち込むこともできなかったでしょう。

実家や義理の親に頼るたびに、子育てに口出しされて苦しむ人もいるようです。困ったときにいつも助けてもらってるし、無視もしにくいもの。悩ましいところですね。

ささいなことなら、軽く受け流していいと思います。ただ、子どものためを思ってやっている育児方針を曲げることはありません。

たとえば子どもが、中学受験をやめたとき。その気になって応援していた親たちは、「そんな簡単にあきらめるの」「将来のためにもいま頑張らせたほうがいい」などと言うかもしれません。でも、子どもが望まない受験をやめることは、親子で下した立派な決断。何を言われようと、子どもの盾になってください。そのためにも、親自身の自己肯定感を育むことが大切です。本物の自信をもてていれば、胸を張ってそう言い切れるはずです。

愛情をもって、存在を丸ごと認める。
それだけで子どもの欲求は満たされ、
自己肯定感が育ちます。
頑張りすぎず、自分のことも
大切にしながら、子育てを一緒に
楽しみましょう!

参考文献

「Identification and characterization of a novel anti-inflammatory lipid isolated from Mycobacterium vaccae, a soil-derived bacterium with immunoregulatory and stress resilience properties.」
Smith DG et al., Psychopharmacology vol.236 (5)：1653-1670, 2019
「怒りを紙に記入して捨てると、怒りは抑制されるか？」
金谷悠太・川合伸幸，2020年度日本認知科学会第37回大会，2020
「Evening naps and delayed night-time sleep schedule typically found in Japanese adolescents in closely related with their daytime malfunctioning.」
Fukuda K & Ishihara K, Sleep and Biological Rhythms vol.2 (s1)：S45-S46，2004
「Gardening on a psychiatric inpatient unit：Cultivating recovery.」
Pieters HC et al., Archives of Psychiatric Nursing vol.33 (1)：57-64，2019
『改訂版　アサーション・トレーニング―さわやかな〈自己表現〉のために―』
平木典子、2009（日本・精神技術研究所）
「嗅覚と自伝的記憶に関する研究の展望」山本晃輔，心理学評論 vol.58 (4)：423-450，2015
『子ども認知行動療法　怒り・イライラを自分でコントロールする！』松丸未来監修、2019（ナツメ社）
『子ども認知行動療法　不安・心配にさよならしよう！』松丸未来監修、2019（ナツメ社）
『子どものこころが育つ心理教育授業のつくり方　スクールカウンセラーと教師が協働する実践マニュアル』
下山晴彦監修、松丸未来・鴛渕るわ・堤 亜美著、2013（岩崎学術出版社）
「子どもの睡眠」亀井雄一・岩垂喜貴，保健医療科学 vol.61 (1)：11-17，2012
『子どものための認知行動療法ワークブック　上手に考え、気分はスッキリ』
ポール・スタラード著、松丸未来・下山晴彦監訳、2020（金剛出版）
『図解　やさしくわかる認知行動療法』福井 至・貝谷久宣監修、2012（ナツメ社）
「ストレス状況下におけるタッチによる心理・生理的な変化：手タッチとタオルタッチを比較して」
十倉絵美ほか，看護教育研究学会誌 vol.10 (2)：37-44，2018
「ストレス場面におけるバタフライタッチが気分に及ぼす効果」
結城進矢・菅村玄二，日本心理学会第77回大会，2013
「Social touch in mother-infact interaction affects infants' subsequent social engagement and object exploration.」Tanaka Y, Kanakogi Y & Myowa M, Humanities & Social Sciences Communications vol.8 (32)：1-11, 2021
「Does hugging provide stress-buffering social support?　A study susceptibility to upper respiratory infection and illness.」Cohen S et al., Psychological Science vol.26 (2)：135-147, 2015
「タッピング・タッチの実施においてケアする側にも効果があるか？」
福井義一，甲南大學紀要：文学篇 No.166：137-145，2016
「日本の小学生の睡眠習慣と睡眠に影響を及ぼすライフスタイルについての大規模調査」
村田絵美ほか，小児保健研究 vol.73 (6)：798-810，2014
「Happiness and self-determination—An empirical study in Japan.」
Nishimura K&Yagi T，Review of Behavioral Economics vol. 6 (4)：312-346，2019
「皮膚感覚と心」山口 創，日本香粧品学会誌 vol.46 (1)：51–58，2022
『よくわかる　学校で役立つ子どもの認知行動療法――理論と実践をむすぶ』松丸未来、2023（遠見書房）
「令和3年度児童生徒の問題行動・不登校等生徒指導上の諸課題に関する調査結果について」
文部科学省初等中等教育局児童生徒課，2022

著者

松丸未来（まつまる・みき）

臨床心理士、公認心理師

1975年、東京都生まれ。1998年英国レディング大学心理学部卒業後、2001年上智大学大学院文学研究科心理学専攻修了。産業分野でのメンタルヘルスケア、東京大学大学院教育学研究科附属心理相談室臨床相談員を経て、現在は小中学校、日本人学校のスクールカウンセラー、東京認知行動療法センター心理士を兼務。専門は子どもの認知行動療法で、20年以上にわたり、子どもの心のケアに力を注いでいる。私生活では2児のママとして奮闘中。著書・監修書・監訳書に『よくわかる　学校で役立つ子どもの認知行動療法――理論と実践をむすぶ』（遠見書房）、『子ども認知行動療法　怒り・イライラを自分でコントロールする！』『子ども認知行動療法　不安・心配にさよならしよう！』（ナツメ社）、『子どものための認知行動療法ワークブック　上手に考え、気分はスッキリ』（金剛出版）などがある。

STAFF

本文デザイン　futte
本文イラスト　うみこ
撮影　大塚七恵
校正　渡邉郁夫
編集協力　オフィス201（川西雅子）
編集担当　ナツメ出版企画（澤幡明子）

本書に関するお問い合わせは、書名・発行日・該当ページを明記の上、下記のいずれかの方法にてお送りください。お電話でのお問い合わせはお受けしておりません。
・ナツメ社webサイトの問い合わせフォーム
https://www.natsume.co.jp/contact
・FAX（03-3291-1305）
・郵送（下記、ナツメ出版企画株式会社宛て）
なお、回答までに日にちをいただく場合があります。正誤のお問い合わせ以外の書籍内容に関する解説・個別の相談は行っておりません。あらかじめご了承ください。

子《こ》どもの自己肯定感《じここうていかん》を育《そだ》てる 100のレッスン

2023年11月6日　初版発行

著　者　松丸未来《まつまるみき》
発行者　田村正隆
発行所　株式会社ナツメ社
東京都千代田区神田神保町1-52　ナツメ社ビル1F（〒101-0051）
電話 03-3291-1257（代表）　FAX 03-3291-5761
振替 00130-1-58661
制　作　ナツメ出版企画株式会社
東京都千代田区神田神保町1-52　ナツメ社ビル3F（〒101-0051）
電話 03-3295-3921（代表）
印刷所　ラン印刷社

ISBN978-4-8163-7446-3